南島の地名を歩く

南島地名研究センター編

ボーダー新書
022

●目次／南島の地名を歩く

I 南島の地名を考える

II 島の名称

Ⅲ 集落の地名

Ⅳ 地形・水に由来する地名

V 海岸・海地名

VI 歴史・民俗を伝える地名

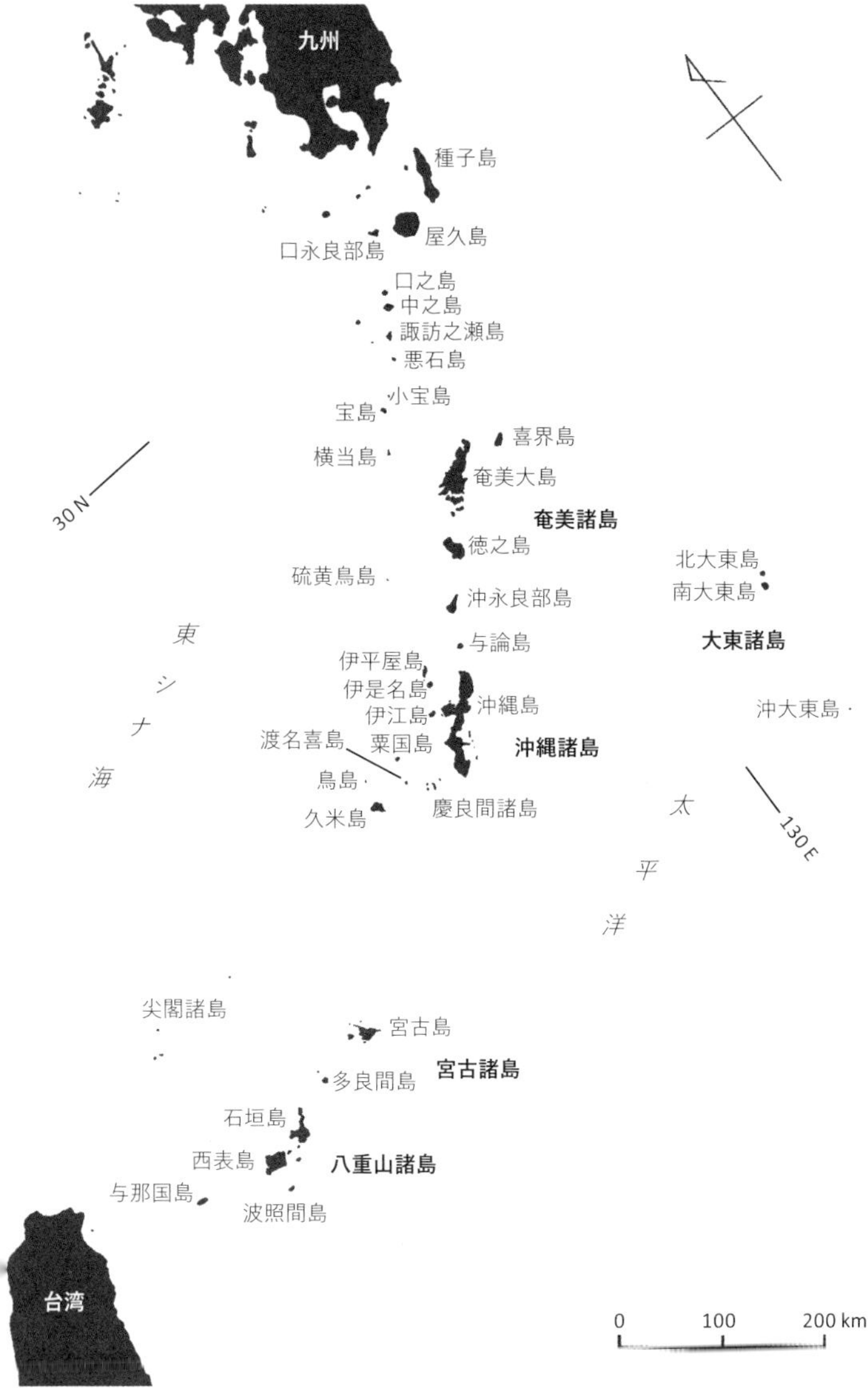
九州
種子島
屋久島
口永良部島
口之島
中之島
諏訪之瀬島
悪石島
小宝島
宝島
喜界島
横当島
奄美大島
30 N
奄美諸島
徳之島
北大東島
硫黄鳥島
南大東島
沖永良部島
東
与論島
大東諸島
伊平屋島
シ
伊是名島
沖縄島
沖大東島
伊江島
ナ
渡名喜島
粟国島
沖縄諸島
海
鳥島
慶良間諸島
太
久米島
130 E
平
洋
尖閣諸島
宮古島
宮古諸島
多良間島
石垣島
西表島
八重山諸島
与那国島
波照間島
台湾
0
100
200 km

奄美諸島

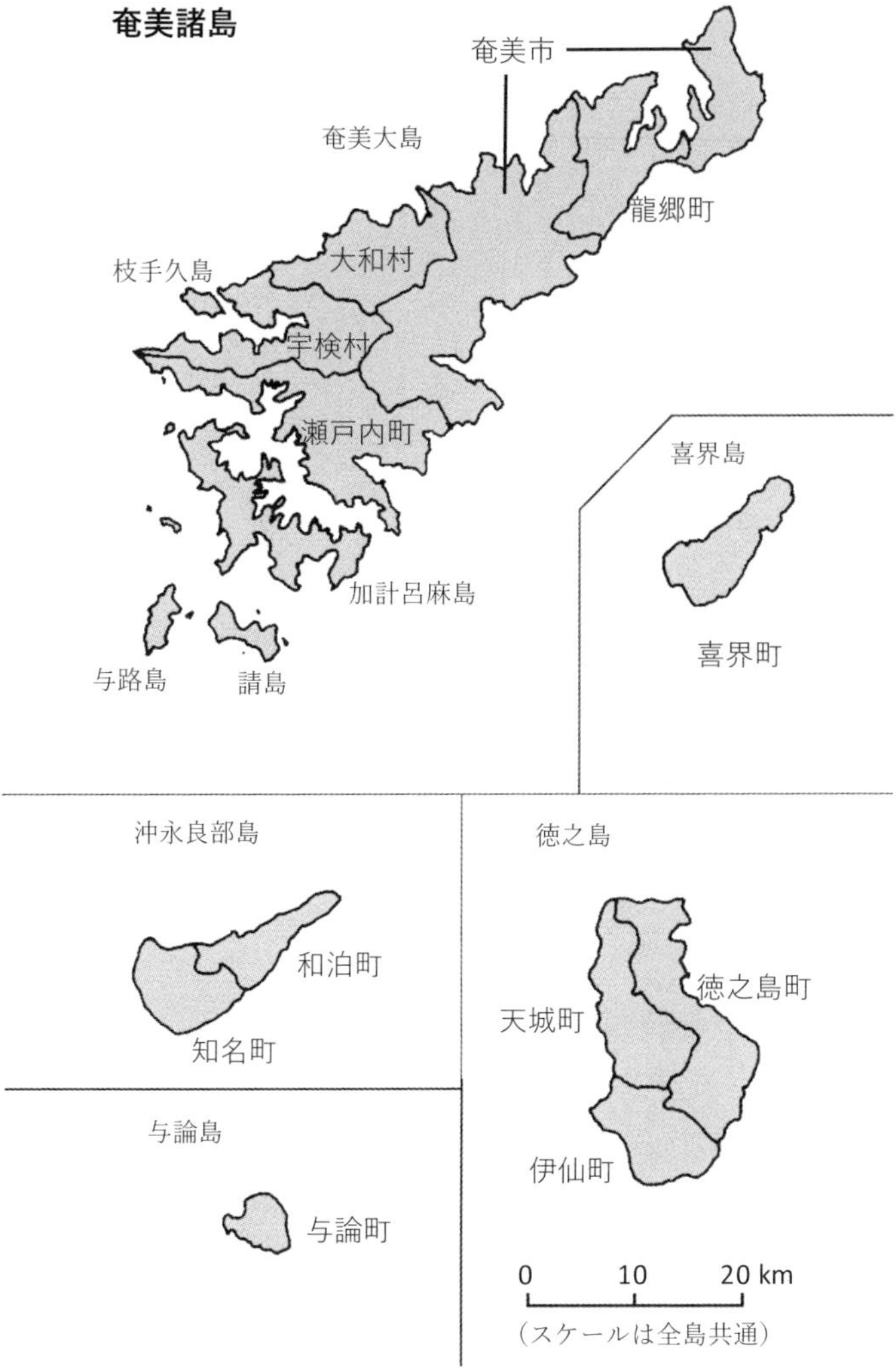
奄美市
奄美大島
龍郷町
大和村
枝手久島
宇検村
瀬戸内町
加計呂麻島
与路島
請島
喜界島
喜界町
沖永良部島
和泊町
知名町
徳之島
徳之島町
天城町
伊仙町
与論島
与論町
0
10
20 km
（スケールは全島共通）

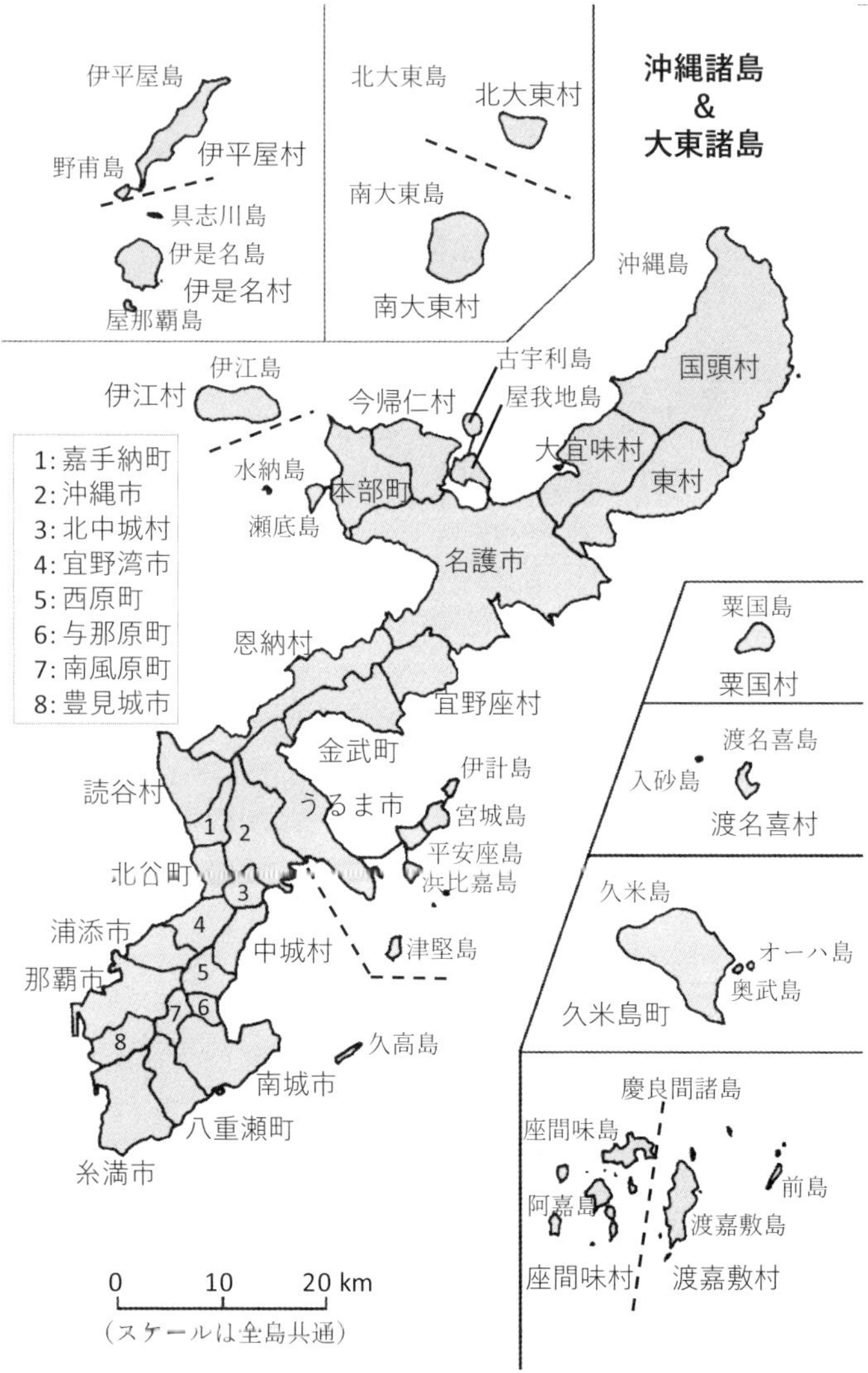
沖縄諸島
&
大東諸島
伊平屋島
野甫島
伊平屋村
具志川島
伊是名島
伊是名村
屋那覇島
北大東島
北大東村
南大東島
南大東村
沖縄島
伊江島
伊江村
古宇利島
屋我地島
今帰仁村
国頭村
大宜味村
東村
水納島
本部町
瀬底島
名護市
1: 嘉手納町
2: 沖縄市
3: 北中城村
4: 宜野湾市
5: 西原町
6: 与那原町
7: 南風原町
8: 豊見城市
恩納村
宜野座村
金武町
伊計島
読谷村
うるま市
宮城島
平安座島
浜比嘉島
北谷町
浦添市
中城村
津堅島
那覇市
久高島
南城市
八重瀬町
糸満市
粟国島
粟国村
渡名喜島
入砂島
渡名喜村
久米島
オーハ島
奥武島
久米島町
慶良間諸島
座間味島
前島
阿嘉島
渡嘉敷島
座間味村
渡嘉敷村
0
10
20 km
(スケールは全島共通)

宮古諸島

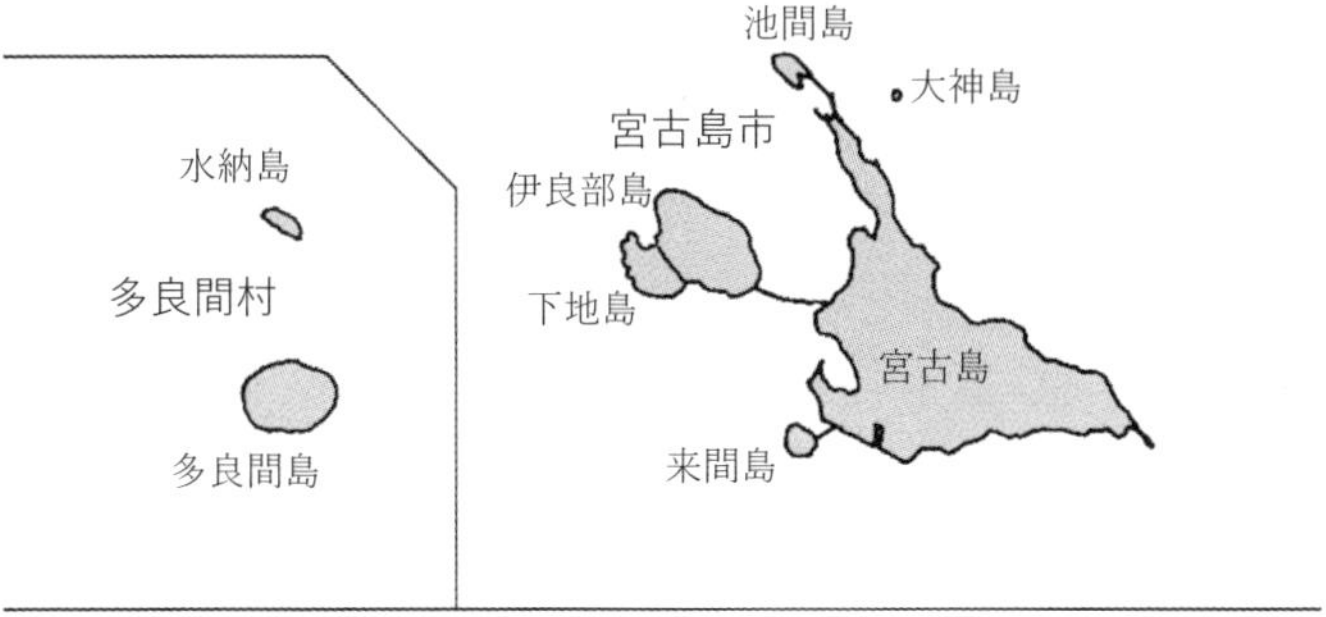
池間島
大神島
宮古島市
水納島
伊良部島
多良間村
下地島
宮古島
多良間島
来間島

八重山諸島

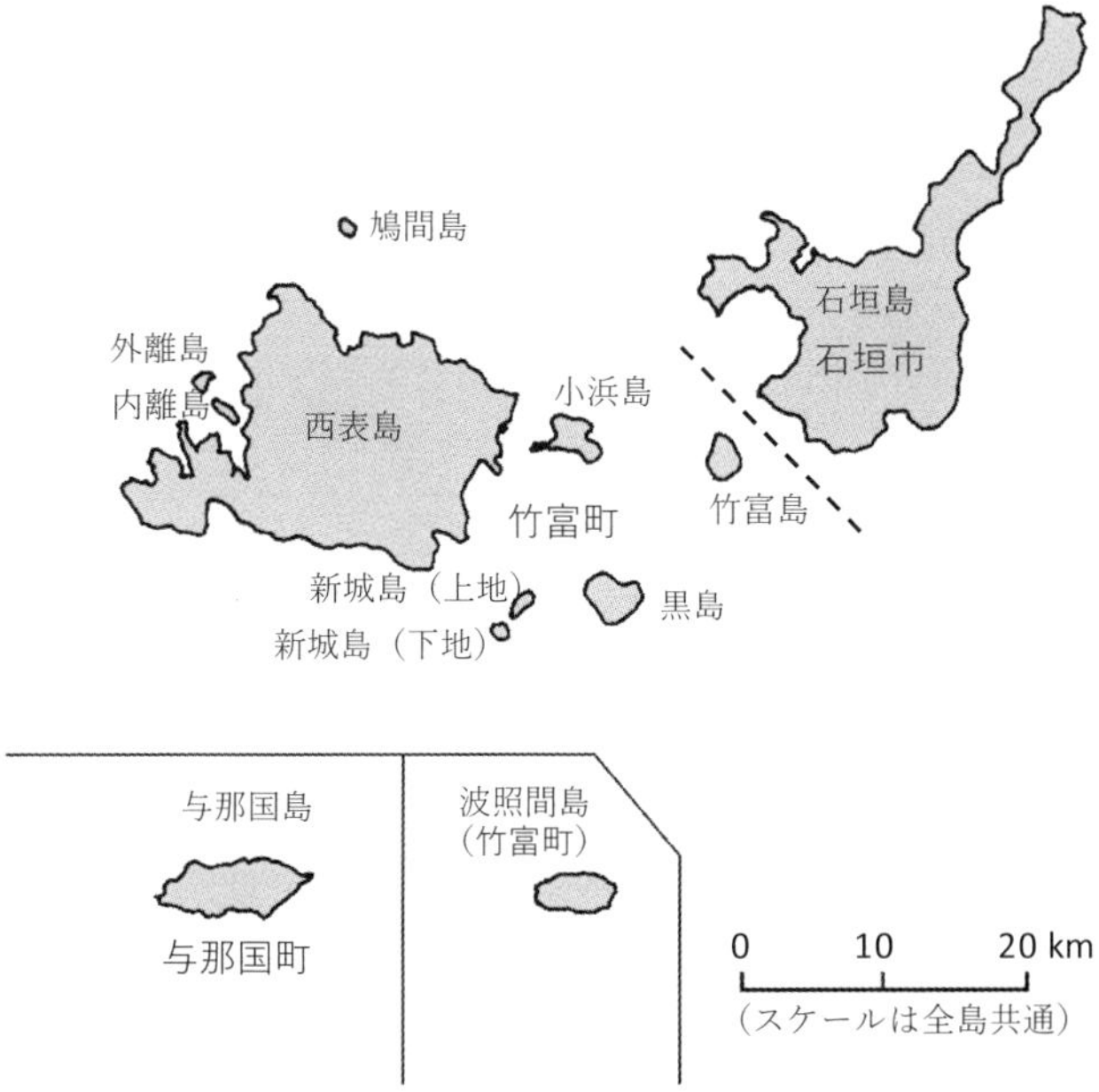
鳩間島
石垣島
石垣市
外離島
内離島
西表島
小浜島
竹富町
竹富島
新城島（上地）
黒島
新城島（下地）
与那国島
与那国町
波照間島
（竹富町）
0
10
20 km
（スケールは全島共通）

凡例

1、本書は『地名を歩く 増補改訂』（ボーダインク、２００６）をもとにした新書版である。ただし紙面の都合上、図表や写真は割愛し、論考78編中10編を割愛し、1編を新たに追加した。配列にも多少変更を加え、新たに見出しを加えたものもある。

2、章立て（Ⅰ〜Ⅵ）は、それぞれの扉に概要を示したように地名を知る上での重要な要素で分類した。ただし複数の要素からなる地名もあり、分類は便宜的なものである。

3、地名の由来（語源）解釈は非常に難しく定説のない地名も少なくない。本書で示された語源解釈の一部にも定説になってない地名が含まれる。その場合は各執筆者の見解である。

4、文中で別に立項されている項目には（↓ ）を挿入し、その論考の番号を示した。

＊本書で扱う地名は島名や市町村、字などの集落名、河川名や山名、さらに字の下には最小区分された小字名（ハルナー：原名）などである。これらの地名について歴史、民俗、地理、言語などさまざまな分野の執筆者29名の論考をまとめたものである。

I　南島の地名を考える

「南島」という地理名称は、九州と台湾の間に列なる島々（すなわち琉球弧）を総称する場合もあるが、本書では、奄美・沖縄の島々、すなわち奄美諸島（鹿児島県）、沖縄諸島、大東諸島、宮古諸島、八重山諸島（以上、沖縄県）を指している。本章では、南島全体の地名についての共通項や基礎知識として歴史、地理、民俗的な見地から概観する。

大宜味村謝名城の集落

1　沖縄の地名の特徴

人に姓と名が付いているように土地には必ず地名が付いている。知らない土地へ行くとまずいろんな地名が目に入って来る。地名には広く全国的に慣れ親しまれたもの、ちょっと読み方がはっきりしないもの、それに変わった珍しいものなどがあり、さまざまな地名に出会う。沖縄には特異な地名や名前が多いという声をよく耳にする。だが、沖縄からよその土地を訪れた場合にも同様のことがいえるだろう。

一般に地名と姓の名称はかなり一致することが全国的に知られており、両者の合一の度合は8割程度であると言われている。沖縄に関してはどうだろうか？　一部の郷土地名研究家によれば、この合一度は全国に比較して高く、容易に9割ほどに達すると推定している。地名と姓の名称がどれほど一致するかについてこれまで具体的な調査研究の報告は見当たらないが、むしろ姓の名称が地名として見当たらないのが極めてわずかな例として浮上してくる。沖縄で耳慣れた姓の名称は地名として各地に分布し、同じ地名が2カ所あるいは3カ所にみえることは決して不思議でないという特徴がある。

平安時代の法典である『延喜式《えんぎしき》』の民部省のなかに「凡《およ》そ諸国部内の郡里等の名、並《みな》一字を用い必ず嘉名《かめい》を取れ」と記されている。古代の一字一音の地名から好字二字の政策が導入されて以来、今日の地名は二字が一般化している。例えば倭から大和、泉から和泉、弁邪志《むざし》から武蔵などのように、語源を無視して長い地名も短い地名も、無理して嘉名二字にあてはめた歴史の経緯がある。

沖縄の地名がこの好字二字の原則にどれほど対応しているかについては明らかでないが、確かに二字地名が多いと推定できると思う。だが、それも、比嘉《ひが》、屋嘉《やか》、喜納《きな》、喜瀬《きせ》、久場《くば》などのように一字一音の地名がかなり目立つということも沖縄の地名の特徴のひとつとして挙げてよいだろう。

また沖縄の地には、三字地名が多いという特徴がある。北から伊平屋《いへや》、伊是名《いぜな》、宜名真《ぎなま》、大宜味《おおぎみ》、具志堅《ぐしけん》、東風平《こちんだ》、渡嘉敷《とかしき》、座間味《ざまみ》から南の伊良部《いらぶ》、多良間《たらま》、与那国《よなぐに》、波照間《はてるま》などと各地に広く分布する。ちなみに、沖縄県の行政単位の53市町村(平成の大合併前の数字)の実に45%を占める24市町村が三字地名であり、このことからも三字地名がいかに多いかがうなずけよう。一方、奥《おく》、東《ひがし》などの一字地名、また宇出那覇《うではな》、我部祖河《がぶそか》、喜瀬武原《きせんばる》などの四字地名は極めて少ない。

地名は姓と同じように確固たるアイデンティティを有している。だが、多くの地名の語源は不詳未詳のままである。地名の意味、語源を解明する意義がここにある。しかもこの作業はそれぞれの研究家による研究もさることながら、多くの研究分野の参画によってその研究成果の客観性が高められることは多くの地名研究者が認めるところである。

地名の意味、由来が不明であっても、地名はしっかりと風格を備えている。時には沖縄の地名が珍奇なものとして話題になることがある。かつての金武間切には金武（チン）をはじめ辺野古（ヒヌク）、恩納（ウンナ）、伊武部（インブ、印部。沖縄で、部はブと発音される）があり那覇には漫湖《まんこ》があることがよく挙げられる。ブラジルでは、ある沖縄の苗字（地名もある）がポルトガル語の音ではなはだ滑稽な単語の意味に連想され、学校で子供がからかわれたという。これと同じような類似した事例はどこでも聞く地名の遊びである。

歴史を通して地名はいろんな理由で消え去り、改名されてきている。時には地名が移動することもある。地名が私達の日常生活と密接にかかわっていることについては多言を要しないが、ちょっと考えるだけでも何となく気になり、その意味や語源を知りたい衝動にかられる。地名は土地の自然景観をつくる地形、地質、土壌、生物や生産活動に由来するものがあり、また歴史的変化を伝えるものがある。

このように地名は人間と土地とのかかわりの接点として捉えることができよう。また、人間と土地との関係を物語る媒体であるともいえる。それ故に、土地に刻まれた歴史の記録である地名はすばらしい文化遺産である。

時代の変遷と共に地名も変化していくと既に述べたが、沖縄の地名に関してもその変化は非常に著しい。去る太平洋戦争で沖縄本島中南部を中心に土地の様子が激変する戦禍をうけ、戦後は広大な土地が米軍基地として利用されているため、かつての集落、農地、道路が消滅している。近年においては、都市化の拡大、諸種の開発事業、社会資本の整備充実などの開発行為で自然景観が大きく変貌した。その結果、多くの地名が消え、そして改名された新しい地名が出現している。このような激変する社会の現状をふまえ、土地に刻まれた大切な文化財である地名の文化意義を認識し、南島地名研究センターは、１９８４年に、開発施行に当たっては地名に関わる全てを記録した後に事業を着工せしめる行政的配慮と処置を講じて貰いたい旨を「開発事業における地名の記録・保存について」の要請文にしたため国、市町村あてに提出した。

（島袋　伸三）

2　全国的視野からみた琉球弧の地名

全国的視野から琉球弧の地名を研究したのは鏡味完二《かがみかんじ》であったといっても過言ではないと思う。太平洋戦争直前（1942年）に発表された論考である。その『地理学評論』掲載の論文「琉球に於ける地名の分布」によれば、

①琉球弧の地名は、主として『古事記』、『日本書紀』、『万葉集』、さては鎌倉時代の古語に、漢字を当てはめたものである。したがってその地名の意味するところは、九分どおり日本語的である。

こうした鏡味の見解と同じと思われることを1880（明治13）年に、鍋島直彬《なおよし》沖縄県令の大書記官の原忠順《ただゆき》も言っている。いわく「京語と島語とは大同小異にして、その小異はもとより京語の転訛に過ぎざるのみ」。

②南方との地名の類似は、ほとんど無い。

③礁地名の、～瀬、～曽根は、ともに北九州に核心部がある。そこから相共に分枝して、片方は瀬戸内海を経て紀伊半島の東海に及んでいる。他の一つが、北九州から南下して琉球列島のほとんどの島々に見られるようになった。

④山を「森」、坂を「ヒラ」、川を「ナイ」（西表島）と呼ぶなどがみられる。
この地名分布から見て、琉球弧と陸奥地方とは同類の位置にあると考えることができる。

この鏡味の地名研究による見解で思い出すことは、本州最北部の津軽地方と、宮古・八重山諸島との、いわば日本における南北最果てに位置している両地域に、日本古代語と考えられる父母呼称が残存していることである。先島では、父を「アヤ」、母を「アパー」と呼んでいるという。これと同じく、津軽でも父を「アヤ」、母を「アパ」と称していることを確かめることができた。

こうした南北両端地域における地名、並びに父母呼称の同類型は、日本民族文化の歴史的変化、並びに地理的環境の密接な関係を映し出していると見ることができよう。


（仲松　弥秀）

3　北方を「上」と見る思想

本土九州から南島琉球弧の島々を見て、近い島々を「口」の島々と見る。そうした観念が残ったと思われるのが「口之島《くちのしま》（トカラ列島）」、「口永良部島《くちのえらぶじま》（大隅諸島）」であろう。その「口区域」より遠いのが「沖」の島々ということになろう。すなわち「沖永良部《おきのえらぶ》島」、「沖縄」となる。しかして、この「沖」より遠い「先」の方に位置しているのが、宮古・八重山の「先島《さき》」である。これら「先の島々」より先は「果て」の区域となる。すなわち「最果てのウルマ」の「波照間《はてるま》島」が現れる。こうした地名の語源が右のとおりであるのか否かはともかく、こうした考え方も面白いのではなかろうか。

それから琉球弧の島々の中に、その島の北に「国頭（上）」、南に「島尻」なる地名が見られる。北から順に、種子島《たねがしま》の北部に「国上」が、徳之島《とくのしま》南部に「島尻間切」がある。ただし、この島尻間切は現在伊仙《いせん》町となっている。

南下して沖永良部島にも北に「国頭」、南端に「島尻」がある。しかし島尻名称は良くないとのことで「住吉《すみよし》」に改名されている。なお南下して沖縄県区域に入ると、伊平屋島南部にも「島尻」があり、沖縄本島になると国頭、中頭、島尻がある。渡名喜《となき》島南端に「島尻」が、久米島《くめじま》の南端にも「島尻」村落が見られる。

ところで宮古島では、南部ではなく、北部に当たる所に「島尻元島」がある。しかし、その他の地形上から観察すると「島切れ」からの名称ではないかと思われる。

以上、述べたように、琉球弧の島々には北に国頭（上）、南に島尻なる地名の見られる島々が分布している。ということは単なる偶然性によるものではなく、こうした地名をつけた太古の遠祖たちが、北方を「上」と見た思想の現れとみることができるのではなかろうか。言い換えれば、北方に祖先の土地があったとする思想から、自己の島の北部に「頭（上）」、南部に「尻」地名をつけたのではなかろうか。

鏡味完二の地名研究（↓2）からみて、琉球弧の祖先の主流は北九州から九州の西側を南下、与那国島に至る島々に移動定住したことが十分にうかがわれる。

（仲松　弥秀）

4　村（ムラ）と村（ソン）

島寄せれ寄せれ　小那覇《おなは》村寄せれ
島の寄せられめ　里前いまうれ

語意――小那覇村は現西原町の字名。
歌意――「シマを寄せよ寄せよ小那覇のムラを寄せよ。近くに寄せて毎夜遊びたい」、

「シマが寄せられますか貴方いらっしゃい」（『琉歌大観』島袋盛敏）

この琉歌では、シマの同義語であるムラを見事に一つの歌に謡いこんでいる。『琉歌大観』をひもとくと、シマを謡いこんだ琉歌が30首近く撰されているのに、ムラという言葉を使った歌はただこの一首のみである。

一方、村落共同体に関わる言葉は、そのほとんどが、ムラで表現されていて、なんとも奇妙な対照をなしている。例をあげると、ムラガニ（催し物や集会の合図で鳴らす銅鑼）、ムラアシビ（村芝居）、ムラガー（村の共同井戸）、ムラソージ（共同清掃）、ムラグムチ（村の共有物）、ムラジュリー（共同体の集まり）、ムラジンミ（共同体の協議）、ムラガッコー（村学校）、ムラハジシ（村はずれ）、ムラジャケー（村境）、ムラバレー（村からの追放）などなどである。

このようにみてくると、ムラとシマは同義であっても、それぞれの言葉の用い方は、あらかた判然としているようである。すなわち、シマは私生活上における心象の反映として、琉歌を詠《よ》むときや、全く私的な対話などに使用されることが主であることがわかり、またムラという呼び方は、村落共同体との関わりで使われるのが主となっている。

シマなる呼び方は始原的には、住居《すまい》が起こりで、イ音の下略によるスマ→シマであろうと考えられ、片やムラなる呼び方は、古代の採集漂泊時代の群《むれ》が、農耕を知るようになり、定着――すなわち群居《むら》いをしたことに起因するものと考えられることから、ムラはその源からして、原始共同体に関わり、シマは私生活と結びついて生まれた言葉のように思われる。

ところで、古代共同体のムラは、歴史時代に入って自然の群《むら》から、行政村《むら》へと組み込まれていった。第二尚氏時代、とくにその中葉以後の島津氏の琉球侵略以後は、支配機構の末端組織にまで落とされた。１７１３（尚敬元）年に編纂をおえた『琉球国由来記』をみると自然群《むら》のマキヨ（↓11）と対応するのではとされるトゥン（殿）が二つ三つ合わさったのが、行政村の数である。当時のムラには、すでに村が当て字され、それは現在の字《あざ》に相当し、現在のソン（村）は、当時はマジリ（間切）と呼ばれていた。

国語関係の辞典類では、ムラもソンも同義で、「そん（村）」を引くと〝ムラともいう〟などと出ている。しかしこの解釈は、いまだもって琉球弧には当てはまらない。１９０８（明治41）年、「沖縄県及島嶼町村制」が施行されて、これまでの間切がソン（村）と呼ばれるようになり、それまでのムラ（村）は、字《あざ》と公称するようになる。

しかし、上からの押しつけで、人間の心象の反映まで直ちに遷《うつ》し変えることは無理というものであり、この地におけるムラ（村）はあくまでも従前のムラであり、ソン（村）とは間切から変遷した行政的呼称のみである。

（久手堅　憲夫）

5　東江《あがりえ》は日があがるところ

方位・方角の名称のついている地名について、ともに、考えてみたい。

地名には、歴史地名、自然地名（＝地質・地形地名）、利用地名などがある。地名は利用することによって名づけられた利用地名が多い。その利用地名をさらにこまかくするために、方位・方角の〈東、西、南、北〉〈内、外、奥〉〈前、後〉〈上、中、下〉〈大、小〉の名称をつけて細分化して、役立つようになっている。

たとえば、兼久原（カネクバル）という地名は浜の砂地、泥地で耕地や村をつくることのできる海岸低地の意であるが、東兼久原（名護市字宮里）、西兼久原（名護市字宇茂佐）、南兼久原（旧仲里村〈久米島町〉字謝名堂）、北兼久原（竹富町字黒島）、前兼久原（恩納村字前兼久）、後兼久原（旧仲里村〈久米島町〉字儀間）、大兼久原（名護市字名護）、仲兼久原（名護市字幸喜）、小兼久原（大宜味村字大兼久）、以上のように細かく分けて利用したのである。

東、西、南、北の方言名は「アガリ」「イリ」「フェー」「ニシ」という。

東、西、南、北をみると西が多い。西の多いのは、北の方言名「ニシ」との混同で、「ニシ」と呼称されていながら北の方角のものもあるからである。沖縄の俚諺で「西枕《にし》はするな」という。東北地方では死者を北《きた》枕にする。この両者には関連があるのかないのか。

集落の立地条件で南（フェ）・前（メー）・後（シリ）は同じ方位、方角。北（キタ）・北（ニシ）・上（ウエ）・後（クシ）は同じ方位、方角である。そして、集落の後方に山があり、前方に耕地が多くひろがっている。後（クシ）は腰（こし）と同じで山の麓にちかい所、すその意味。後（シリ）＝尻の意味もある。

地名の東江は太陽のあがるところ、東の方角という意味である。西江は太陽がしずむところ、西（イリ）の方角という意味である。古い記録の『琉球国高究帳』では真壁間切（糸満市）の東江、伊江島の東江は「あかるい」、西江は「いるい」。『おもろさうし』にも「いゑの　あかるい」と記されている。〈東〉は「アガリ」がほとんどで「ヒガシ」を意味する小字名〈比《ひ》嘉《が》原〉は8件、字名（集落名）〈比嘉〉は4件とわずかなものである。「ヒガ」は日向（ヒュウガ）とつながるものである。地名のうえでは、西は「イリ」が主流であったとおもわれるが、いまは、「ニシ」が多い。「イリ」を意味する〈伊礼《いれい》原〉は7件と少ない。

東の方から吹いてくる風を「こち」という。東風平（コチンダ）、〈東風〉を「コチ」とよんでいる。県下に1件しかない。『おもろさうし』には「まこちかせ　ふけは」（真東風風　吹けば）と書かれている。

四国、島根、山口、佐賀、長崎でも〈南風〉のことを「はえ」という。南風原（ハエバル）の〈南風〉も「フェー」とよんでいる。

〈上〉のよみかたは「ウエ」「ヰイ」「カミ」があって、上原（ウエバル）が過半数をしめている。舟上原（フナアギバル）のように動詞形につかわれているものもある。上原をさらに、細分化して、東上原（浦添市字前田）、西上原（名護市字嘉瀬）、南上原（嘉手納町字野里）、北上原（石垣市字登野城）、下上原（旧知念村〈南城市〉字吉富）、中上原（読谷村字楚辺）、前上原（名護市字辺野古）、後上原（北中城村字熱田）、新上原（南風原町字新川）のように分けて呼称している。

〈下〉のよみは「シタ」「シチャ」「シモ」「ゲ」で下原（シタバル）が多い。下口原（オリグチバル）、下屋（サガヤ）などのよみもある。

〈大〉は「ダイ」「オオ」「ウフ」とよむ。大道、大当、大堂の三つの当て字は「ダイドウ」「オオドウ」「ウフドウ」と三とおりによまれている。本来は「ウフドウ」で「オウドウ」、「ダイドウ」は漢字のよみから派生したものであろう。

〈中・仲〉は中原・仲原（ナカバル）46件。仲田・中田（ナカダ）12件。仲間（ナカマ）8件。仲尾、仲泊、仲地、仲袋の名称がある。

〈小〉は小堀、小浜と数は少ない。小堀《こぼり》（クムイ）＝魚が産卵するために川底につくる小さなくぼみ。用水のため池。〈小堀〉は細分化のしかたがおもしろい。大小堀《うふくむい》原（本部町字大浜）、青小堀《あおこぼり》原（宜野湾市字大山）、赤小堀《あかくぼり》原（沖縄市字池原）、木小堀《きこぼり》原（旧具志川市〈うるま市〉江洲）、石小堀《いしこぼり》原（名護市字屋部）、土々小堀《どどこぼり》原（北谷町字北前）、魚小堀《いゆぐむい》原（名護市字親川）、鳥小堀《とりこぼり》原（名護市字中山）等々である。

（名嘉　順一）

6　なぜ西の付く地名は多いのか

地名に東西南北の方位を冠して呼称することは、世界中どの国においても行われていることである。わが南西諸島においても、地名の分類において、方位を一つの分類項目にすれば、最も個数の多い項目になるかもしれない。それは同時にその土地の位置をも示している便利さによるものであろう。

その方位を冠した地名をみると、南北よりも東西の方が多い。そして西の漢字を当てたのが特に目立つ。しかしこれは、方言の「北（ニシ）」に対して「西」の漢字を当て、「東」

に対する「西（にし）」も「西」としたために西を冠した地名が多くなったのである。
西原町の西は、南風原（ヘーバラ）に対する北原（ニシバラ）である。古代はここを北原といい、中城を中北（ナカニシ）、読谷を大北（ウフニシ）といった。首里の西森（ニシムイ）は首里の北側にあるので北森（ニシムイ）であったはずであり、浦添市、旧平良市（宮古島市）、旧与那城村（うるま市）、瀬底島や沖縄市に西原の字名、小字名がある。いずれも北側に位置する北原の意である。那覇の西武門は、久米大通の南の入り口を大門と言ったのに対して、北の入り口を北の門（ニシンジョウ）と言ったのを「西武門」の漢字を当てたのである。旧具志川村（久米島町）の西銘《にしめ》は古くは西目とも記されているが、方言では「ニシミ」である。ここからは北の海や空がよく見えるので、北見（ニシミ）の意であったのではないかと思う。国頭村の西銘岳も同様であろう。糸満の西村は北側に位置し、北村（ニシムラ）の意であるが、埋め立て地の西崎町は近年の命名で、東西の西である。那覇の西町は王府時代西村と言ったが、東村（現在の東町）に対する西村である。王府時代にヤマトグチ地名にしたのは珍しい。

西に対して西（イリ）を用いる地名はさらに多い。ヤマネコのおかげで西表島は全国的に知られ、テレビのアナウンサーも「にしおもて」と放送しても、後で「いりおもて」と訂正している。種子島に西之表港《にし》があるので迷うのかもしれない。本部町謝花《じゃはな》や宜野湾市野嵩《のだけ》などには西表原の小字名があるが、方角を表すイリムティ（西方）にある原ということで、西表島も同様な意ではないだろうか。

ハラはヘーバラ（南側）、ニシバラ（北側）というように方角を指示するのに用いるが（↓9）、方言では耕地または原野をもハル（原）というので、小字名（原名《ハルナー》）に「〜原」としたのは県内ほとんどの市町村に散在している。

小字名に西繁田原や西津堅原のように「西〜」とした地名が多いが、圧倒的に多いのは西原（イリバル）である。小字名集でざっと数えても百余カ所あるが、国頭郡にはまれで、島尻南部もまばらであるが、那覇市および中頭郡に集中している。古い地名では北谷間切の伊礼(イリー)村、摩文仁間切の伊礼村があるが、いずれも西の意である。

（宮城　幸吉）

7　沖縄の山は「〜岳」

　北海道から鹿児島県に至る本土各地の主な山岳名を地図で拾ってみると、大雪山、富士山、白山、大山、浅間山のように、「〜山」となっているのが最も多く、サン、ザン、セン、ヤマとそれぞれ固有の呼称が決まっているので、それに正しく従わねばならない。次に駒ケ岳、槍ケ岳、雲仙岳のように「〜岳」になっているのは割合に少なく、「山」の約半数である。「嶺」は大菩薩嶺（山梨県）が一例あり、「嶽」はほとんど用いられず、長野、岐阜の県境にある御嶽は、山名としては御嶽山でそこにある社が御嶽社である。

　ひるがえってわが沖縄を5万分の1地形図によって見ると、与那覇《よなは》岳、恩納岳、於茂登《おもと》岳等のように、ほとんどの山名が「〜岳」となっていて、本土におけるのとは逆に「〜山」は極めて数少ないのである。そして山名には「岳」が用いられ、「嶽」は神を祀る御嶽に用いられる習わしになっている。

　沖縄方言で「ヤマ」は山地を表わす内容もあるが、たとえ平地であっても草木が生い茂っている所にもヤマ（山）という。畑をほったらかしにして、草木の伸び放題にしてあるのを見て「ハローヤマナチ（畑を山にしおって）」などとしかる。昔、フェーレー（おいはぎ）、今は観光で名の知れた多幸山《たこうやま》は高い山地ではなく、樹木の深く茂った所であるし、守礼門から円覚寺の方へ下りて行く左側は、ハンタン山と言ったが、赤木のうっそうと茂った所で、むしろ低い斜面である。宮古島の現在熱帯植物園になっている所は平地ではあるが、樹木が多かったので大野山林といった。

高くそびえて見える場合は、たとえ標高は高くなくても「〜岳」という名称がついている。旧東風平町《こちんだ》（八重瀬町）にある八重瀬岳は、頂上に登り眺めると、南の摩文仁《まぶに》に至るまで畑の続く平地である。しかし旧東風平町側から見ると、断崖が空高くそびえているので「岳」になるのである。宮古島の野原《のばる》岳は、標高わずか109メートルしかないのに、周囲が皆低い平地になっていて高くそびえて見える故に「岳」がついているのであろう。

本土では千メートル以上の山にも「〜森」となっているのがかなりあり、殊に四国地方に多い。沖縄では極めて少なく、首里の西森（ニシムイ）や西原町の運玉《うんたま》森、歌に名高い鳩間中森があるが、「森」よりも「盛」がふさわしく、山という程のものではない。

（宮城　幸吉）

8　数多くある沖縄のグスク

スイグシク（首里城《しゅり》）をはじめ、奄美から沖縄までたくさんのグスクがある。今帰仁城《なきじん》、座喜味城《ざきみ》、勝連城《かつれん》、中城《なかぐすく》グスク、浦添城《うらそえ》、大里城《おおざと》などの著名で大きな城跡、なかには墓地であるカクレグスク、ミドリグスクといったグスク名もある。

このグスク、宮古・八重山のスクを含め、今日までにいくつ知られているだろうか。『角川日本地名大辞典47　沖縄県』によれば357を数えるが、私の知っている宜野湾市大山《おおやま》のチャシグスクなどが記載もれしているところから、まだまだその数は増えるものとみられる。

グスクに「城」を当て字したことも素因となって、ひところ歴史、民俗、考古学などの研究者をまきこんだグスク論争が盛んであった。甲論乙駁の討論は、大きく三つに分かれ、それは、①聖地拝所説、②城（シロ）説、③集落説で、他に按司などの館を指す御宿（ゴシュク）説もでた。

スイグシク（首里城）の南縁に真玉森《まだまもり》グシクやクンダグシクという拝所があり同じ稜線上に、国中《くになか》グシクという拝所があった。グシク（城）のなかにグシクがあるグシクとは一体何だろう。地名が土地に刻印された人間の言葉である以上、まずは言語の面から考えてみよう。グスクのスクは、一定の区画を指す古語のシキからの変化とする説があり、『国語大辞典・上代語編』（三省堂）を引くと、磯城を当て「建物を建てたり、斎場にしたりするための一区画か」ともしている。一方でこのスクはニレースク（ニライカナイ）のスクと同義とする説もある。ニレースクのスクは、ソコ（底）に対応するという説もある。琉球の古代思想では、遠い海の彼方にある〝万物充足の常世の国〟との想念であることから、やはり一定の区画を指す〝占《シ》ムル所〟の意味のシキ（敷）の変化とみる方が正しいようである。

グスクのグについては、イシナゴ（石砂子）のゴの変化だとする説もあるが、私はゴーマーキー（車座）のゴで、囲むの義をもつことで、囲碁の碁と同義とみたい。

さきに掲げた357のグスクを性格別にした仲松弥秀の分類を集約すると、御嶽《うたき》206、墓地50、単独墓17、城9、按司の館5、その他2、性格不詳68となり、グスク名の御嶽が57％強を占める。墓地と単独墓の合計は67で、御嶽のなかに祖霊のフニシン（神骨）を祀ってある御嶽も多数含まれていることも考え合わすと、グスクのスクは敷に対応し、始原的には、グスクとは〝囲われた祖先の葬地〟とするのが妥当のようである。

（久手堅　憲夫）

9　山原の地名バーリ、バール

山原《やんばる》には数多くの字《あざ》がある。その字は区・部落・村落・シマ・ムラなどと言われ、それらの字はさまざまな視点からとらえることができる。例えば、集落の景観によって塊村であったり、整然とした碁盤型の集村であったりする。また、山や御嶽《うたき》や畑・河川・海、それに集落などの位置による分類方法もある。

山原の今帰仁村や本部町、そして旧羽地《はねじ》村（名護市）一帯に小字の「〜原」とは別に、「〜バーリ」という呼び方を耳にする。大宜味村あたりでは「〜バール」、恩納村から南では「〜ダカリ」（↓36）と呼ばれている呼称である。それらの呼称は、字内の集落空間を細区分する呼称（地名）だと考えている。

例えば、今帰仁村の字諸志《しょし》をみると、字の中の集落域をアガリンバーリ、イリンバーリ、ナファンバーリ、メンバーリ、シンバーリと区分して呼んでいる。東・西・中・前・後などにバーリやバールなどをつけて、集落空間を細かく区分している。現在風に言えば、一班や二班などの「班」に相当するものである。区分する必要のない規模の集落では、小字名や小地名で呼ばれている場合がある。

　このバーリやバールが集落空間を区分する呼称だと述べたが、それに近い言葉として小字につく「～バル」や「～ハル」や「～ボロ」などがある。しかし、バーリやバールはハルやボロとは異なる意味合いを持つ概念だととらえている。ハルについては、ハリ（墾《は》り）すなわち開墾することからきた言葉だと解され、行政的な小字名を呼ぶ「～バル」や「～ハラ」などは、その部類に入れることができる。「メーボロ」や「シンボロ」など「～ボロ」の場合は、畑や田などを指す意味のニュアンスが強い。例えば、ウイボロとウイバルは同じく「上原」と記すが、前者は「上の畑」、後者は「上の方」の意味合いが強い。

　イリンバーリ（西のバーリ）・アガリンバーリ（東のバーリ）やウイバーリ（上のバーリ）などのバーリはハラから変化し、「～の方」や「～側」の意味合いが強く、そして集落空間を区分する呼称として使われている。

　バーリやバールは、ハラやバルから変化した言葉とみられるものの、ハラやバルやパラには耕作地や畑のほかにアガリバラ（東の方）やイリンパラ（西の方）、あるいはナカバル（中の方）などのように「～方」や「～側」の意味があり、その方の変化がバーリやバールではないかと考えている。実際に今帰仁村運天《うんてん》のムラウチ（村内）の区分のバーリは、「～方」

や「～側」の意味で使われている。

このようにハラ（原）から派生したとみられるバーリやバールは、原域を示す小字のバル（原）とは異なり、集落空間を細区分する「～方」や「～側」を意味する言葉だと思われる。

（仲原　弘哲）

10　東恩納説にみる二村落の連称

例えば、陸奥・出羽のように、隣接する二つの地名を連称することは、全国的に見てもさして珍しいことではない。その場合、連称される二地名は同等の性質および価値を有し、その間に何の軽重もない。しかし、沖縄における二村落連称はそれとは質的に異なる。なぜなら、連称される地名の下の方に主体があって、上の方は単に意味を限定するだけの役しか果たしていないからである。

大略、以上のように、沖縄の二村落連称または併称を説明したのは、歴史家の東恩納寛惇である（『南島風土記』）。その背景には、沖縄の地名には類似のものが多いので、公称ではないにしても、隣接村落と併称してその所在を限定する必要があったとの考え方がある。

事実に基づいた考え方であるし、また史料による事例の提示も確かで、きわめて説得力があるものである。

史料の上の事例はおくとして、普通に用いられる二村落連称の例として東恩納が掲げたものから幾つか紹介したい。豊見城市の保栄茂（ビン）・翁長（ウナガ）、玉城村（現南城市）の百名（ヒャクナ）・仲村渠（ナカンダカリ）、西原町の安室（アムル）・桃原（トーバル）、南風原町の与那覇（ユナハ）・宮城（ナーグスク）、名護市の久志（クシ）・辺野古（ヒヌク）、国頭村の奥（ウク）・辺戸（ヒドゥ）などである。

それらの中で、安室・桃原や与那覇・宮城などは、東恩納説がもっとも理解しやすい事例ということになるであろう。つまり、桃原や宮城は沖縄でごく一般的で、類例の多い地名であり、それらだけではどこの桃原であり、どこの宮城かが分からない。国頭村の奥間・桃原とは異なる安室・桃原であり、浦添市の仲西・宮城とは異なる与那覇・宮城という具合に、隣接する村落名による限定が必要になるのである。

しかし、久志・辺野古はどうであろうか。辺野古は果たして類例の多い地名といえるであろうか。私の知る限りでは、むしろ同じ地名を探すのに苦労する方なのである。したがって、他と区別するために隣接する地名によって限定する必要はないはずである。そう考えると、東村の有銘《あるめ》・慶佐次《げさし》、名護市の屋部《やぶ》・宇茂佐《うもさ》、宜野座村の古知屋《こちや》・宜野座《ぎのざ》なども同じである。

沖縄の二村落連称に関する東恩納説は、類似のものの多い村落名の限定という点を強調しすぎたようである。それだけでは理解できない面もあることを確認しておく必要があるであろう。

（津波　高志）

11　古代の沖縄の集落「マキヨ」

現在アザ（字）、その前はムラ（村）と公称されていた「島《しま》・里《さと》」は、古代の沖縄・奄美では「マキヨ」、宮古・八重山では「ハカ」と公称していたようだ。しかしてマキヨ呼称地域はノロ地域と一致し、ハカ地域はツカサ（司）地域と一致しているといってよいであろう。

このマキヨなる呼称も時代にともなってマキョウ、マチウ、マチュ、マーチ、マキ、マクなどと呼称変化してきた。なお、このマキヨはコダ（クダ、ムタ）ともいわれたようである。かの『琉球国由来記』（1713年）編集時代には、すでに公称としてのマキヨ名はなくなっている。しかしこの書中の巻12~巻21「各処祭祀」の玉城間切の項には、随所にマキヨ名が出ている。ところで、こうしたマキヨ名は現在消滅してしまっている。ただし首里・那覇地区から遠隔地に行くと、細々ながらもマキヨ名が残っているところがある。

沖縄本島の大宜味村以北では今でもマク名として残っている。塩屋《しおや》がユアギマク、田港《たみなと》はスクムイノマク、奥間《おくま》はカニマンノマク、最北の辺戸《へど》がアスムイノマクといっている。

離島の久米島にもウムヤギノマーチ、クマスマーチ、その他があり、儀間《ぎま》地域には玉城《たまぐすく》血縁集団のアガリマーチュ、志良堂《しらどう》集団の中ノマーチュ、嘉手苅《かでかる》のイリノマーチュがある。

渡名喜島にはユアギマキヨ、アラマキヨ、クビリマキヨ、里中ムタといった古代血縁集団のマキヨ名が生々として残っている。

北の奄美のマキヨ名も消滅しているが、わずかに今里《いまざと》に「今里ノフーマキヨ」、名瀬《なぜ》に近い大熊《だいくま》に「デークマフタ、デークマキヨ」が現存している。

ところでマキヨ名が村《むら》名に改称された段階で、沖縄本島島尻地域のような多数のマキヨが在った地域では、隣接していた二つ三つのマキヨを合併させて一つの「村《むら》」を成立せしめたようである。この時代にはすでにマキヨごとに一つの殿、あるいは神アシアゲが設けられていたことによって、祭祀の場合はそこのマキヨ名が神に言上されるようになったといえる。いわば殿・神アシアゲがあれば、マキヨがあったということになる。これによって、例えば玉城間切の当山《とうやま》に2殿があることによって、この当山は2マキヨの併合によって新しく形成された村であることがわかる。

（仲松　弥秀）

12　宮古・八重山の集落「ハカ」

ここでいう「ハカ」は墓のことではない。「ハカ口開ける」や『万葉集』の第16巻3887番の歌に見える「カヤ苅りバカ」のハカのことである。

1609年の慶長の役以前、すなわち島津侵入以前における宮古・八重山では、一つの祭祀集団によって形成された集落に「〜ハカ」という名称がつけられたようである。これは沖縄・奄美におけるマキヨと異名同質のものと思われる。しかしてこのハカの祭祀を司るツカサを「ハカヌ主」、氏子等には「ハカヌファー（子）」といった。

ところで宮古諸島では現在、このハカ名が消滅に瀕しているようである。かの有名な狩俣《かりまた》のニーリにも、村の語はみえるがハカの語はみえない。ただし村落に近い畠地の地名としては残っているようである。

宮古とは異なり八重山には、このハカ名があちこちに現存している。とくに市街区をなしている石垣四箇では、ことの外良く保存されていて、その祭祀集団と居住地域が一致していると見られる。『八重山歴史』（八重山歴史編集委員会編、1954年）によると、石垣四箇のハカ（パカ）には、登野城《とのしろ》5、大川《おおかわ》4、石垣4、新川《あらかわ》6の計19ハカが記されている。ただしこのハカ数は、時代の経過によって少数になって来ているようである。

例を挙げれば大川区の大川パカとプシナーパカとは、明和大津波以後に合併して1パカとなり、新川のキドームリハカは津波被害後にターブナーパカと併合し、1パカを形成したがごとくである。しかし登野城のミート（夫婦）パカは近代の形成といわれている。

ところがこの石垣四箇とは異なり、他の村落におけるハカなるものは、その氏子集団のみの居住地区を成さず、むしろ他の氏子達と混在して居住しているといえる。もともとハカの祭祀氏子集団とその居住空間とは一致し、沖縄のマキヨと同じ構造をなしていたはずである。いわば他村落のハカ構造も石垣四箇と異なっていなかったと思われる。そうしたのが氏子混在居住構造をなすようになったのは、どうしてかということが問われる。

その最大原因は明和8年（1771年）に襲来した大津波の大被害にあったといえる。

津波被害による村落破壊と人口減少によって、今までの村落再建並びに祭祀再生を致す政策から、小被害地の波照間《はてるま》、黒島《くろしま》、小浜《こはま》、竹富《たけとみ》などの離島からの強制寄人を、つとめて祭祀平等に致すために各祭祀氏子に割り当てた。一方多くの人口を割り削かれた離島の祭祀再生も考慮しなければならない。このような政策からハカ集団の居住区が混在する結果となったと考えることができる。

（仲松　弥乃）

13　地形図にみる集落名の変遷

わが国では近代期以降、内地、外地を問わず地形図が整備されてきた。古い地形図には、それが発行された時代における地域の自然環境や人文景観などが描かれており、貴重な歴史的資料となる。そこには島名をはじめ、山地名、河川名、行政名、集落名などの地名も記録されている。

ところで、私は那覇市首里石嶺町《しゅりいしみね》に所在する住宅団地に住んでいる。ある日、1921（大正10）年測図の5万分の1地形図『那覇』（複製）をみる機会があった。そこで、私が住んでいる石嶺の団地は大正時代ではどのような場所であったのかを読図してみた。すると、そこはかつてサトウキビ畑が広がっていたことがわかった。これは予想していた通りであった。ところが、地形図をよくみると、驚いたことが二点あった。それは第一に、首里地区にあると思っていた石嶺が、かつては西原村（現西原町）に属する大字《あざ》であったこと、第二に、地形図には石嶺《イシンミ》と集落名が表記されていたことである。すなわちおよそ百年前、石嶺は「イシミネ」ではなく、「イシンミ」と呼ばれていたのである。

ここでは、第一の行政区域については触れずに、第二の集落名だけに着目してみる。同じ地図をよくみてみると、石嶺の近くの末吉《すえよし》は「シーシー」、大名《おおな》は「ウーナー」、経塚《きょうづか》は「チョーチカ」と地名にルビがふられていた。これらは現在の集落名の読み方とは異なる。地形図では難読集落名にはルビがふられている。そのお陰で、元々は現在とは異なる呼ばれ方をしていた集落を知ることができる。

そこで新旧の地形図を比較して、沖縄本島の集落名に変化がないかを調べてみた。具体的には、1919（大正8）年から1921（大正10）年にかけて沖縄本島を初めて測図した5万分の1地形図13図幅に記載された603にのぼる集落名が、最新の地形図ではどのように表記されているのかを比較した。

それによると、大正期の地形図に記載されていた603集落のうち、36・5％にあたる220集落で表記に変化がみられた。このうち、80集落は最新の地形図では集落そのものが消滅している。それは国頭村横芭《ヨコバー》をはじめ、旧羽地村（名護市）川上開墾や旧久志村（名護市）大工泊などすでに自然廃村となった集落が26、旧越来村（沖縄市）御殿《ウドン》敷や北谷村野国《のぐに》など米軍基地に接収されて消滅した集落が41、旧小禄村（那覇市）當間のように米軍基地を経て自衛隊基地となっている集落が2、旧小禄村長山のように那覇空港となっている集落が3、旧久志村内福地のように現在ダム湖に水没した集落が5、その他ゴルフ場になっている集落が2、公園になっている集落が1である。特に、自然廃村となった集落は本島北部の山間地や砂浜海岸沿いの集落でみられる。また米軍基地に接収された集落は本島中部に多い。これとは別に、旧知念村（南城市）板馬《イタンマ》のように集落は現存するが、集落名が掲載されなくなった集落が8ある。

新旧地形図間で集落名が異なる集落は132を数える。このうち、大正期とは全く違う記載となっている集落が37ある。旧知念村第二知名が久原へと地名を変えた場合がその事例である。それ以外は集落名や読み方に若干の変化がみられ、変化のパターン化が可能である。例えば、恩納村熱田原《ばる》が熱田へと変化したように、原が欠落するパターン、旧具志川村

（うるま市）赤納《ノウ》が赤野に変化したような漢字が転化したパターン、豊見城村字栄田が上田に変化したようなパターンなどである。しかし、最も多いパターンは浦添村勢理《せり》客《きゃく》が勢理《ジッチャク》客になったように、集落名の読み方の変化である。この場合、一般的に元々の地名の読み方が、漢字の音訓読みに変化している。先に紹介した「イシンミ」が「いしみね」に変化したのもこのパターンの事例である。

このようにみてくると、地形図にはその発行された時代の地名情報が記録されており、貴重な地名データベースであることがわかる。発行年代が異なる地形図を比較することで、地名の表記や読み方がいつ頃から変化していったのかおおよその推測はできるだろう。今後、古い地形図を用いた地名研究の深化が望まれる。

（宮内　久光）

14　島の方言としての地名を守る

南島の地名研究の中で、島の名などの大地名の語源探索は人気のトピックだが、落とし穴もある。その語源説を立証する手だてが乏しい場合が多いからだ。私は、西表島でこれまでに千を越える小地名を記録してきた。その中で、大地名の意味を探索することよりも、忘れられようとしているたくさんの小地名を記録する大切さや、それらの語源を一挙に理解する快感に目覚めたのである。

小地名の研究は、まずはその場所を生活の場としてきた人々の方言に基づかなければならない。ただし、複数の集団の境界など、同じ場所に複数の地名があることは珍しくない。西表島南岸の南風岸《はいきし》岳がその例で、西部からはパイキシダキ、東部からはイースィダヒと呼ばれている。島の方言でどうしても理解できない時はじめて、別の方言や別の言語に理解の糸口を求めるのが順序であろう。小地名は方言語彙の中の固有名詞なのだから。

中には普通名詞で呼ばれる地名もある。西表島西部ではバシマ（＝私たちの集落）がその例である。家庭内では名を呼ばず「父さん、母さん」でことが足りるのと同じだ。

西表島の地名をデータベース化して整理してみると、同じ語尾のものがたくさん並ぶ。例えば、1949年に廃村になった崎山村の前の浅瀬に並ぶ四つの岩礁は、アハイシ、バリイシ、トゥリイシ、フニイシと呼ばれる。それぞれ岩肌が赤い岩、まっぷたつに割れた岩、たくさんの人が飢えで行き倒れになったことがある岩、舟型の岩だという。しいて漢字を当てるなら赤石、割石、倒れ石、舟石か。アハイシは、民謡・崎山口説では「赤石盆山二つ見え」と歌われるため、アカイシと呼ぶ人もある。

島の西部では、どんなに大きな岩も「〜イシ」と呼ばれる。潮の干満で見え隠れする岩礁は、「〜ソーヤ」といい、「〜イシ」ではない。重なりあって今にも落ちそうで落ちない岩が何カ所かあって、チクィザと呼ぶ。不思議な霊力がある場とされる。元来は、「重なり座」という普通名詞のようであり、他の地名のように「〜イシ」と呼ばない。中には、国土地理院地形図にも載っている「ゴリラ岩」のような変種が混じっている。西表島の方言ではどんなに大きくても「〜イシ」であり「〜イワ」とは言わないから、これは、新しい観用地名だと分かる。「ゴリラ」を島の方言で理解しようとしても徒労である。

また、炭坑時代についた地名もある。浦内川の船着き場の「軍艦石」である。タラップで岩に降りるようすが、島ではグンカンと総称された蒸気船のようだからというのである。最近これを「軍艦岩」と呼ぶ人もあるが、明治の島びとがつけたグンカンイシの名の方を大事にしたい。

島の方言を理解し、小さな地名を大切にすること、そして、新しい地名に負けずに方言地名を使い続けることこそが、南島の豊かな生活文化を生きたものとして伝承していくための根幹なのだと、私は思う。


（安渓　遊地）

15　下地島の地形・地名・人

　現在下地島空港（元はパイロット訓練飛行場）になっている下地島において、特に海岸地形は、入りくんでいて多様である。下地島が訓練飛行場になる前、島に住んでいた友人がいる。今回彼を含めて何人かの方々から下地島の地名を学ぶことにした。下地島は宮古島市伊良部《いらぶ》島南西に位置し、伊良部島と橋でつながっている。

　友人や案内してくれた方々と歩いていると、あっちのへこみ、こっちの出っぱりと、はとんどの地に名が付いていることに驚かされた。ここでその一端を紹介したい。

　通り池の近くにキドマリ（木泊り）バダ（バダは入り江）、木泊りのウツノバダ（ウツは内側、ここでは奥の方の意味）という地名が残っている。キドマリバダはいくつかあるバダの中でも長くて奥まった入り江をなしている。木泊まりには集落があったと聞く。穏やかなので、人が住むのに適した場所だと思われる。地形や地名は多くのことを教えてくれる。

　下地島の特に西側寄りには通り池に代表される池が多い。ナガピダイキ（ナガは長い、ピダは干潟、イキは池）、ガーナイキ（ガーナはアヒルやカモなどの呼び名）、オコイキ（オコは大きい）、ガーナイキとオコイキの間にも池があるが未調査、通り池は2つの池から成り、その側にはナビ（鍋の意味）という大きくはないが通り池様の小さな凹地もある。そこから南へ進むと、パサマイキ（その両側にある入り江をパサマと呼んでいるからと思われる。パサマは普通には挟むという意味だが、この場合の意味は未調査）があって、さらにアカムタイキ／アハムタイキ（アカムタは字佐和田・長浜の、アハムタは字伊良部・仲地の言葉で共に赤い土の意味）がある。

このような陥没地形はどのようにしてできたのか？　溶食によるものなのか？　だとすると、何故そこだけが溶けたのか？　この問題は下地島の地形の成立を考える上で大事なことと思われる。詳細は今後の研究に待たなければならない。

地名は生活の中から生まれてきたものだから、生産とも深く関わっている。例えば、下地島にも田んぼだった所は、アカオダー（ダーは田んぼの意味）、オコキダーなどの地名がある。

島の自然は人々を育んできた。それに対して人々は地名を付けては親しみ、自然を大事にしてきたことがわかる。

（渡久山　章）

II　島の名称

現在沖縄県には48、奄美諸島には８の有人島がある。これらの島には行政地名の他に外国人が付けた名前などもある。本章では、それぞれの島の特徴や地名の由来を解き明かす。

伊江島

16 文献にみる「沖縄」と「琉球」

■沖縄

「洋上に縄状に細長く浮かんで見える形状」から沖縄地名が生まれたとする説があった。しかしこの名称は単なる漢字当ての沖と縄の文字からの類推によるもので、当を得た語源ではないとする説が強い。それにかわって「沖の漁場（ナバ）」説、「遠い沖の場処地」説があり、周辺の離島から見ての「大地（ウプジ）の処（ナ）」からの名称とする説などがある。

ところで、現在のように「沖縄」と漢字で書かれるようになったのは、これまで新井白石の『南島志』（1719）が最初であると言われてきたが、近年、これが誤りであることが判明している。すなわち、『南島志』の現代語訳（榕樹社、1996）において、訳注者の原田禹雄は、つぎのように指摘している。「沖縄入りのち、薩摩藩は悪鬼納の文字を使用しており、『正保国絵図』（引用者注：1646年）では、悪鬼納と記している。しかし、寛永6年（引用者注：1629年）の「知行高目録」などに沖縄の字がすでに用いられている例がある。『元禄国絵図』（引用者注：1701年頃）は沖縄嶋と書かれて」いる、と。

■琉球

隋の時代を記した中国の正史の一つ『隋書《ずいしょ》』の東夷伝《とういでん》には「流求国」が見られ、『元史』には「瑠求」、『宋史』には「琉求」とされている。ところが、これら『宋史』以前の「流求」や「瑠求」と記されている地域が、はたして現在の沖縄の島々のみを指した地名かとなると種々の説があって必ずしも定かではない。沖縄の島々から台湾を含めているとする説、沖縄説、いな台湾説などがあり、今のところ判然とはしていない。恐らく中国から見た東シナ海洋上の台湾をふくめた島々に対しての総称であったのではないかと言われている。

そうであったものが現在のような沖縄の島々に対する名称としての「琉球」なる当て字にされたのは『明史』以後と言われている。

ところで九州島と台湾島の間の弧状列島に、'Liukiu　Bogen'（「琉球弧」または「琉球彎《わん》」）なる名称を与えたのはドイツの地質学者ナウマン（H.E.Naumann）であった。

（仲松　弥秀）

17　サンゴの美しい島　【うるま島】

平安時代の歌人藤原公任《きんとう》作に次の歌がある。

おぼつかな　うるまの島の人なれや　わが言の葉を　知らず顔する

一体「うるま島」とは、どこの島であろうか。いろいろな説があるようだ。遠隔未開地説、日本海の韓国鬱稜《うるるん》島説、古代沖縄説、それに台湾島説など。しかしその当時、ウルルン島人や台湾人が大和・京都にまさか居住していたとは到底考えられない。ところが南島琉球弧の人々が居たことは、大和朝の文献で十分明らかにされ得る。

ところで「うるま」の「ま」は「間」、すなわち場処の意である。したがって「うるまの島」は「うる」の有る島ということになり、問題は「ウル」の語にかかってくる。

おそらく公任は、「うるま島」なる島にことのほか関心を持っていたのではなかろうか。否むしろ憧れを抱いていたとしか思われない。どうして関心を持ち、憧れを抱いていたのだろうか。そもそもその時代は遣唐使の時代であった。しかして遣唐使船は沖縄の島々経由が主なる航路であった。彼ら大和・平安文化人は、今まで見たことのない風景を沖縄の島々で見て、全く驚いてしまった。それは色とりどりのサンゴ景観であった。

種々異なる海中サンゴ、白波騒ぐ延々たる細長い干瀬《ひし》（リーフ）、その中に見られる美しい魚類に接した彼らは、全く肝をつぶし、その骨髄深く印象が刻みこまれ、都に帰って南島で見たサンゴ景観も土産話として宣伝されたことであろう。こうしたことによって公任も南島を夢の島と憧れ、言葉の通じない人と出会ったら、つい南島の「ウルの有る島」から来たのではないかと思うようになったものであろう。

ところで「ウル」とはサンゴやサンゴ礁一般に対する語である。琉球方言では海浜の砂や礫にウルと言っている。海中サンゴに棲んでいるカニにはウルガニといい、干瀬（リーフ）に棲むカニには干瀬ガニとも、またウルガニとも言っている。

与論《よろん》島では観光語として自己の島を「パナウル共和国」と名乗っている。「パナ」とは花であり、「ウル」はサンゴの意である。なお与論島では海中サンゴはもちろんのことながら、沖合の白波立ち騒ぐ干瀬にもウルと言っている。遣唐使達によって宣伝された「うるまの島」とは、要するにウル景観の見事な南島沖縄の島々を指した語であったといえる。

（仲松　弥秀）

18 サンゴ礁段丘の島

【ききや（喜界島）】

奄美大島の西方約23キロの太平洋上に浮かぶのが喜界島《きかい》である。累々たる山塊の大島の地勢に対して、喜界島は、可耕地に富み、湧水も豊富で、生産力の高い土地柄である。それ故に、大島の719平方キロの10分の1にも満たない55・7平方キロにしか過ぎないが、〝大島七間切、喜界五間切〟と呼ばれ、琉球の統治から近世末期まで続く薩摩の支配まで、あくなき収奪を受けた。

『おもろさうし』に〝ききやの、おきしま、ききやのもいしま〟と謡われているのは喜界島のことで、喜界の人たちは、自分たちの島を「段の島」と呼んでいる。ウチナードゥマイ（沖縄泊）は、この「段の島」の北端近く、志戸桶《しとおけ》集落の北500メートルほどの所にあるが、しばらくは、「段の島＝ききや」について、お付き合いを願う。

この島は、ヒャクヌデー（百之台）を最高台地として、次段に城久《ぐすく》、滝川《たきがわ》（タンニャー）、大朝戸《おおあさと》（イインサトゥ）、西目《にしめ》などの集落。最下段に海浜集落の湾《わん》、赤連《あがれん》（アガリィ）、中里（ナットゥ）、荒木《あらき》、早町《そうまち》、塩道《しおみち》（スゥミチ）などがあり、隆起サンゴ礁の三段からなる海岸段丘の島である。

『おもろそうし』の「ききや」を地形語で解いてみると、「キ」は土台とか基礎を指す地形語で、「ヤ」は岩を指す地相語である。そこで「キキヤ」とは「岩の土台土台」となり、「サンゴ礁の段の島」の義を秘めた古代語であった（「キ」「ヤ」は『地名の語源』鏡味完二著による）。

喜界島は琉球王府時代、航海上も重要な中継地の役割を果たし、おもろ時代、京・鎌倉などヤマトゥとの交易や、琉球弧全体が島津の支配を受けた以後も、〝上り〟や〝下り〟の際の寄港地であった。ウチナードゥマイとは、琉球王府時代にウチナーブニ（沖縄船）の、上り下りの澪跡《みお》（↓59）を遺す歴史的地名である。

往時は殷賑《いんしん》をきわめたであろう泊も、いまや全く見る影もなく、退潮著しい泊の状況は、満潮時にしかボートも浮かばず、ウチナードゥマイの今昔は、喜界島が現在も隆起を続けていることを、私たちに教えている。

しかもこのウチナードゥマイ、いまでは天神《てんじん》泊や天神港などと呼ばれ、たまに沖名泊と呼ばれるなかに微かに古来の影をしのばせるに過ぎない。

泊のすぐ脇に古いテラ石のある拝所らしき所が、天満宮となっていたり、琴平神宮が出てきたり、文化とは何？　いやはや――。

（久手堅　憲夫）

19　各地にある鳥島　【鳥島】

　久米島の南岸に字鳥島という字（集落）がある。そんなに鳥が多いようでもないのに、どうして鳥島というのだろうと子供のころ不思議に思ったことがある。この字は遠く硫黄《いおう》鳥島《とりしま》から移って来たのだということは後で知った。硫黄鳥島は徳之島の西方およそ65キロにあり、沖縄県で唯一の活火山の島である。昔から硫黄の産地として知られ、そしてその硫黄は中国への重要貿易品であったために、薩摩の琉球侵入後も琉球王府に属した。1903（明治36）年火山活動が激しくなり島民に危険が迫ったので全島民を久米島へ移した。この鳥島とたまに混同されることのあるのが久米島の北方約23キロにある鳥島である。これは混同を避けるために久米鳥島といい、久米島の方言では「トゥイシマングヮー」といっており、旧仲里村（久米島町）の地籍にあり、硫黄鳥島は旧具志川村（久米島町）の地籍である。

　島名はいずれも海鳥が多く生息し繁殖していたことによるものであろう。硫黄鳥島はオオミズナギドリ（島の方言ではアマフウルイ）やアジサシ等の生息地で、昔、島民はその卵やヒナなど採取してタンパク源にしたという。久米鳥島は現在米軍の爆撃演習地になり、立ち入り禁止になっているが、近海は豊富な漁場で、戦前は各地の漁船が集中したという。演習地になるまでは、アジサシ等の海鳥が無数に飛びかい、手づかみ出来るほどであったという。鳥糞《ふん》の堆積によって燐鉱も出来ている。

久米鳥島の神様は女の神様で、鼻が欠けていたので、この島で鼻の話は禁物。一言でも言えば必ず海が荒れたという。追い込み漁で大群のグルクンを追い込んでいたのに、ヘマをした同僚に、誰かが「ヤナ鼻ビラーヤ」とどなったために、網の中の魚がすっかり消えてしまったという経験談もある。

東京から南約580キロの太平洋上にも鳥島（伊豆諸島）があり、東京都に属する無人島である。島は国指定の天然記念物となっており、国際保護鳥であるアホウドリの繁殖地である。この鳥島からさらに東南方には、日本領土の最南端となっている沖ノ鳥島がある。干潮時にはかなりの広さの岩礁が現れるが、満潮時にはやっと1メートル高さの岩が2カ所あるだけである。1989年、国は巨費を投じてこの岩礁の補強をした。この岩を起点にして、半径200海里（約370キロ）の、日本の陸地面積より広い面積の排他的経済水域が確保されている。福島県にも鳥島があるが、これは海上の島ではなく、珍しくも内陸部の丘陵地にある小字名で、その由来は不明である。

（宮城　幸吉）

20　葉壁山《ようへきざん》と呼ばれた島々

【伊平屋島、伊是名島】

1939（昭和14）年7月1日は、伊平屋《いへや》村、伊是名《いぜな》村として両村が独立村になるまで、この地は「イヒャ（伊平屋）」の呼び方で、同一の地域件をなしてきた。1908（明治41）年の「沖縄県及島嶼町村制」（特別町村制）施行の際も、一島一村には移行せずに、従来の地域性を保った。

『琉球国由来記』（1713年編）は「伊平屋島」と項を立て、そのもとに、伊是名、諸見《しょみ》、勢理客《せりきゃく》、野甫《のほ》、島尻《しまじり》、我喜屋《がきや》、田名《だな》と七つの村（現在の字）を掲げて、伊平屋島、伊是名島の地理的区別を記していないが、同書より90年ほど先に編纂を終えている『おもろさうし』は、「ゑひや」、「いぢへな」と謡い、また「ゑひやの二はなれ」の対句で謡《うた》われている。このことから自称として「ゑひや」、「いぢへな」、他称としての「ゑひやの二はなれ」の呼び方は、古くからあったものであろう。

いま両島出身者の口をかりれば、伊是名島をメェージー（前地）、伊平屋島をクシジー（後地）と呼ぶ差異がみられるが、それは首里中心の呼び方で、おそらく第二尚氏時代以降のものであろうと考えられる。『琉球国由来記』が、「伊平屋島」と項を記録しているのに対して『琉球国旧記』（1731年）は「葉壁山」として掲げている。

1534（尚清8）年、尚清の冊封《さくほう》正使として来琉した陳侃《ちんかん》の『使琉球録』は、「十三日北風強く、十四日夕べ舟が裂け、十五日そのひびを塞ぎ、十六日熱壁山が見え、中の刻（午後四時）そこの泊に入る」（原漢文）と「伊平屋島」へ漂着したことを記述していて、「伊平屋島」のことを「熱壁山」と記している。

1579（尚永7）年、冊封正使として来琉した蕭崇業《しょうすうぎょう》、副使の謝杰《しゃけつ》の場合も暴風に遭ったらしく、その『使録』も「十日南風恐しく迅く、舟は飛ぶようであり、そこで逆はずに流すと、また全く動かず、操舵手も〝いまどこへ行こうとしているのか？〟という様である。突然遠くに一つの山頂らしきものが微かに見える。それと、その傍に腹這うような小島がある。その国の人のいうに〝これは我が邦の葉壁山なり〟」（原漢文）この蕭崇業の『使録』以後、歴代の冊封使録は「葉壁山」表記の定着をみたとされる。

嘉手納宗徳は、「葉壁は〈yebei〉と発音する。方音に由来するものであろう」（『沖縄大百科事典』）とし、『南島風土記』（東恩納寛惇、1950年）も「熱壁（jeh-pi）に作り、また別に灰堆（イ佳）山の島名を挙げてあるが（中略）、恐らく堆・佳は共に雅の誤写で、灰雅(hui-ya)で土音を注記した」としている。

字義を重視する中国人の命名になるこの「葉壁山」は、単に方音を写したものであろうか、私は、蕭崇業『使録』の「一つの山頂らしきものが微かに見える、それと、その傍に腹這うような小島がある」の記述は、この「葉壁山」の修辞が、単に方音を写したものだけではなく、伊平屋諸島の地理的条件を映したものであろうと考える。

すなわち、「葉壁山」の葉の字義に「扁平で小さいもの」というのがあり、壁には「けわしく直立するところ＝がけ」の義がある。このことから「葉壁山」とは、「扁平で小さな野甫《のほ》島や具志川島のことを「葉」と呼び、「絶壁の崖脚を海中に没している」伊是名島のグスク山や山塊だらけの伊平屋島を「壁」ととらえた修辞地名ではないだろうか。

明代の中国人が付与したであろうと見られる、琉球の島嶼の地名語尾には、いずれも「山」が付されている。慶良間《けらま》（↓24）の島々を馬歯山《ばしざん》、宮古島（↓26）を太平山《たいへいざん》としているのがそれである。それは、「海山が洋上に突出したのが島である」ことに由来すると考えられるが、後漢の劉熙《りゅうき》撰の『釋名《しゃくみょう》』と中国最古の辞書『爾雅《じが》』の「釋水《しゃくすい》」篇に「島、海中往往有山河依止曰島」（海中より時としてじっと動かぬ山河あり、島と云う）とあることに由るものであろうか。

（久手堅　憲夫）

21　ベイジル・ホールの地図にも掲載　【伊江島】

伊江島は沖縄本島北部の本部港から北西海上約9キロに位置する。方言では「イージマ」という。文献には泳島・移山・椅山などと記され、ベイジル・ホール（Basil Hall）『朝鮮・琉球航海記』（1818）にシュガー・ローフ島（Sugar Loaf Island）、『ペリー艦隊日本遠征記』（1857）掲載の地図にはイェー島（Ee IsLand）と記されている。島名の由来について『伊江村史』は「定説はないが、イイシマ（良い島）・イシジマ（石島）・イリシマ（西の島）などの発想から名付けられたと思われる」と記している。

東西8・4キロ、南北3キロのピーナツ形をした平坦な島で面積は22・76平方キロ。東寄り中央部に城山（グスクヤマ）と称する172メートルの急峻な岩山がそびえている。北海岸は約60メートルの崖をなし、南に向けてゆるやかに傾斜し南海岸はほとんど砂浜である。湧泉がなく河川の発達もない。二カ月も日照りが続くと作物の不図はおろか飲み水にもことかいた。その対策として多くの井戸や池が掘られた。川平《かわひら》のマーガーと島の北西海岸に湧出するワジーは飲料水として重宝な存在であった。

島内の8集落のうち6集落は、城山の東及び南側に密集し、2集落は北西及び西南端に位置する。1880（明治13）年伊江島小学校創立、沖縄県では最も早く教育近代化の道を歩んだ。中国や薩摩航路の要衝に位置し、島のシンボル城山は古くから航路の標識として知られ、島の西端に伊江島灯台が設置され、1897（明治30）年3月初点灯した。

先進的な農業の島として人口に膾炙《かいしゃ》している。電照ギク、葉タバコ、野菜などの栽培が盛んで、特に大輪菊は有名である。一方、伝統的な作目であるサトウキビは年々減少し、2004年度の操業をもって製糖工場は閉鎖された。近海は水産資源に恵まれ、漁業も盛んである（伝統的な釣、網漁のほか、ソデイカ漁、沖縄スギの養殖など）。

城山の眺望は1953（昭和28）年、琉球新報社提唱の沖縄八景の読者選定で第1位に選ばれ観光の名所となっている。島の東に伊江村青少年旅行村がある。

（仲松　源光）

22　海中道路の走る島

【平安座島】

夜行バスから、平安座《へんざ》海中道路に入るタクシーに乗り継いだ。暗い海の中にもぐり込むような一本の二車線道路の上を走り出すと、道は、車灯の光が差すだけの幅を走り続ける。

何だか馬の首の上を走った感じになる。それでも湾上の遠い夜景に囲まれて感傷をそそる。昔は歩いた干潟が、車道に変わったことであろう。

もう何年も前、昼間の風景に異例があった。富山県からおいでなさったというご婦人二人が、4・7キロの村道45号海中道路を徒歩で突破したのだった。今頃にしてこうした健脚を試そうとする人は余りいない。昔なら海上の波を蹴ってくるさまを福神の到来だと思ったものだ。そうした時代を追うようにタクシーの果てなき疾走は続く。

1961年1月、平安座海中道路建設期成会が結成された。着工半年で二度の台風に見舞われ頓挫。69年6月、アメリカの石油会社ガルフの誘致で、72年5月工事完了。海上干潟を通った往来が自動車道路に代わったのだ。

古くは、干潟を渡って行けばたどりつくという印象でヘンザ島と名称されたに違いない。これが余所から呼んでいた発想に出るのは、地理的に金武《きん》と中城《なかぐすく》の両湾の砂が集積して干潟をなす地点であり、現在はリゾート候補、昔日は漁場であったからだ。

干潟のことを八重山古謡でペンといい、平安座でも干潟にいる蟹をハンザイ蟹といった。同語系で普通名詞を使って当て字をした結果が平安座（ヘンザ）地名に定着したものと考えられる。ヘンザのザは、石のセキをシャクと読んだ音がジャとなる例である。帆船のセンをジャンクと呼ぶが、石砂を砂利（ジャリ）というのも大変近い。平安座島の沖のナンジャ石というのも好例だろう。要するにヘンジャは干潟の「ヘン」と石の「ジャ」の合成地名ということであろう。

察度王、巴志王が平安座に巡見に来た外に、現代では県知事5人、開発庁長官2人、高等弁務官4人という高官の来島があったという。

和歌を干潟にたくして惣慶親雲上忠義

見れば恋しさや　平安座みやらびの　けあぎゆる潮の花のきよらさ

上杉茂憲第二代沖縄県令が平安座干潟をかごで渡った際、部下の記録係秋水の歌

妹おもふ涙にあらで　舁かきどもが　蹴立てる浪に　袖をぬらしつ

案内役の護得久朝常が返して一首を添えた。

さざ浪の花をとばして　うらやすく　かごにて海を渡る　けふかな

（奥田良　寛春）

23　イザイホーの島　【久高島】

久高島は、沖縄本島の知念《ちねん》岬から約5キロの東方海上に横たわる、面積1・36平方キロの旧知念村（南城市）に属する小さい島である。

古代的な祭祀「イザイホー」の行われた神の島としてマスコミを騒がし、特異な民俗の宝庫として多くの研究者の注目を集めてきた。1899（明治32）年の土地整理から取り残され、いまなお、耕地の94％が島の共有地（登記上は字有地）であり、地割制は1899から1903年の土地整理事業後も廃されることなく、今日まで運用の形態を変えつつも受け継がれている。

琉球の地図として最も古い『海東諸国紀』（1471年）所載の「琉球国之図」に本島の東海上に「通見島」、「有見島」が見えているが、「有見島」が現在の久高島に間違いない。どう読めるのか久高島とは差が大きすぎる。しかし久高島の西海岸にウティキンの地名があり、ウティキン→ウキンと読める。古くは有見島と作られた。

夏子陽《かしよう》編の『使琉球録』（1606年）に「東には則ち孔達佳山《くだか》あり。」

徐葆光《じょほこう》の『中山伝信録』（1721年）所収の「琉球三十六島、東四島」中に、「姑達佳《くだか》、訳シテ久高トナス。津奇奴《つけん》・巴麻《はま》・伊計《いち》」とあり、また同書の「琉球地図」の条では「山南省、知念属村十、知念、敷名、久手堅、山口、鉢嶺、久高、外間、知名、安座真、下敷屋」とあって、久高島には久高、外間の両村があったことがわかる。『琉球国由来記』（1713年）にも久高村の「久高巫火神」と外間村の「外間巫火神」が年中祭祀にあがっている。

『おもろさうし』に「こはおもり」「こばおもりのきみきみ」「こはしまのかみがみ」と謡われ、『混効験集』（1711年）に「こばしま」は「久高津堅両島の名也」とされている。久高島の古名は「こばしま」、蒲葵《くば》（ビロウ）の生えた島ということである。

久高島の歌謡、ティルルに「ふぼーりーが　あいくさちや　しまんたびん　いとうはきてい……」と謡われる。これは、久高の男の行く先は、島も旅も糸を掛けて安泰にしてください、という祈願の一節である。久高島の男をフボリーと名乗っていたのである。いずれにせよオモロの時代からクダカ島とよんでいた。久高島は最高標高17・5メートルの低平な島である。クダカという方音は小さい平低島という意が込められているかもしれない。

戦後は神の島として女中心に祭祀がとりあげられてきた。しかし古くから琉球弧の島々や台湾等をまたにかけ活躍してきた久高島の海人（ウミンチュ）を忘れてはならない。奄美大島では沖縄から来た海人のことをすべて「クダカー」と呼んでいる。久高の男は15歳以上の者は夫役の代わりに飛船水梢《ひせんすいしょう》（船員）となって、琉球王府から薩摩への急使として道の島々（奄美諸島）を漕ぎ上ったのである。中国への遣貢船（唐船）の船頭、水主も久高島の海人が選ばれた。明治12年の琉球処分による沖縄からの脱出渡清人を乗せて密航したのも久高船であった。久高島では常時100〜150人の出稼を出し、宮古、与那国、台湾で漁労に従事していた。

首里の恵姓久高家の『恵姓系統記』（昭和15）に「久高家ハ友顕ヲ大宗トシテ友常ニ至ルマデ十代凡ソ二百二十年間久高地頭職ニ任ゼラレ依テ子孫世々久高姓ヲ名乗リ今日ニ至レリ。」四年に一回8月に久高島御参りがあり、久高家、福治家、田里家の一門の人たちが久高島外間家の思金松兼（西威王《せいい》）の産殿に宿泊するようになっている。

（新垣　源勇）

24　中国人のつけた名前「馬歯山《ばしざん》」　【慶良間諸島】

慶良間《けらま》諸島には、大小合わせて26の島々が散らばり、美しい多島海をつくっている。列挙すると次のとおりである。渡嘉敷《とかしき》島、前《まえ》島、儀志布《ぎしっぷ》島、城《ぐすく》島、黒《くろ》島、仲《なか》島、ハテ（端）

島、ウン島、離《はなり》島、外自律留《ほかじつる》島、地自律留《じじつる》島（以上渡嘉敷村）、座間味《ざまみ》島、阿嘉《あか》島、慶留間《げるま》島、屋嘉比《やかび》島、久場《くば》島、安室《あむろ》島、安慶名男《あげなしく》島、外地《ふかじ》島、嘉比《がひ》島、モカライ島、奥武《おう》島、伊釈加《いじゃか》釈《じゃ》島、積城《つみしろ》島、砂白《すなしろ》島などである。その他にも島とは呼べない岩礁が、島に属し、あるいは孤立岩となって浮かんでいる。

明代の中国人の付与したものと思われるが、１５３４（尚清8）年に、尚清の冊封のため来琉した陳侃《ちんかん》の『使琉球録』には既に、この慶良間の島々のことを「馬歯山《ばしざん》」と記述し、以後、いずれの冊封『使録』も「馬歯山」と記している。

十一世尚貞の冊封正使として１６８３（尚貞15）年に来島した、王揖《おうしゅう》の『使琉球雑録』は、「馬歯山介姑米中山之間螺殻所聚其後山最嶢瘠罪人多流」（馬歯山のそば、久米島と沖縄島の間はヤコウガイの群棲する所である。その後の島は、とてもやせ地で、罪人の流刑地である）とも記されており、それ以前、１６０６（尚寧18）年、七世尚寧の冊封正使として来た夏子陽《かしよう》の『使録』に、「西則有馬歯山・俗呼渓頼末」（西側に有るのは馬歯山で、俗に渓頼末《ケラマ》と呼ぶ）と記してあって、附庸国《ふようこく》琉球であるから、中華思想丸出しの記述となっている。すなわち、夏子陽がいうには、明人の付与した馬歯山が、あくまでも正式な呼称で、琉球側の慶良間は、俗称にしか過ぎないということなのである。

明人は、この島々を何故に「馬歯山」と呼んだのだろうか。『南島風土記《ふうどき》』（東恩納寛惇、1950）は、「或はその遠望馬鞍に似たるものもあるが馬歯と号する所以は判りかねる」としている。この島々は、最高標高270余メートルから十数メートルまで、大小、広狭の千変万化に富んでいる。馬の歯は、「馬齢によって異なる」といわれる。故に、馬齢の義に馬歯と同義とされる部分もあるとされている。明人たちは、この高低差の激しい島々の様相をみて、不揃いの馬の歯を想起して「馬歯山」と修辞したものではなかろうか。

地名「キラマ」は、「キラ（華麗）」と「マ（間）」の複合語から成る地名と考えられる。すなわちキラマ（慶良間）とは〝キラキラ輝く所〟の意で、そのキラマを指して不揃いの馬の歯とは、失礼千万とは現代ウチナーンチュの声。第二尚氏時代では、トテモ、トテモ。

（久手堅　憲夫）

25　ボロジノ島として知られた島

【大東諸島】

多くの島々で構成されている沖縄の島の中でも特異な自然史と歴史、文化を持つ島に大東諸島がある。有人島の南大東島《みなみだいとう》（南大東村）、北大東島《きただいとう》（北大東村）に加え、北大東村に属する戦後無人島になった沖大東島である。那覇から琉球海溝の東方かなた350～400キロの太平洋に位置するこれら三島は地理的に沖縄の島々から離れた孤島としての性格が強い。

大東島が現在の島名で呼ばれたのは明治以降のことである。それ以前は17世紀から19世紀中期の間に欧米の海路図に記録がみえ、欧名で呼称されていた。沖大東島にケンドリック島、ラサ島の両島名がみえ、現在はラサ島がよく知られている。南北大東島は南北ボロジノ島として知られ、ペリー艦隊も同島名で記録している。

方言で大東島を「ウフアガリジマ」というが、これから大東島と呼称されるようになったと考えるのは短絡だろうか。

『おもろさうし』（第13－794番）に

又　東方《あがるい》の御島《みしま》
　　何《なお》　つほ（貢ぎ物）に有《あ》てがよう
又　てだか穴の御島
　　何《なお》　つくせ（貢ぎ物）有てがよう

とみえる。訳注（外間守善校注、岩波文庫版、2000年）に、「東方にある御島。太陽の出現する穴、即ち東方の島」とある。沖縄の古い信仰のニライカナイの神は東方からやって来る。東方には豊饒な幸福の島々が存在するという想念の島が東方の御島であろう。だがこれまでの研究によれば、「東方の御島」が大東島と同一の島であると特定できないという。前述したように、県庁は1885（明治18）年8月に大東島に南北大東島と明記した国標を建立しているが、県庁による島の名称使用に関する根拠は詳らかでない。ここで、東方の御島↓ウフアガリジマ↓大東島とすんなりつなげるにはまだ検討の余地が残る。

大東島は日本のみならず世界的にも特異な地形発達による島である。海岸にはサンゴ礁の発達がなく海岸から千メートル～二千メートルの深海に至り、海がしけると岸壁は船を寄せつけない。島は環礁が隆起して中央の礁湖が干あがった隆起環礁と考えられている。

島の開拓は1900（明治33）年から八丈島と沖縄から来た人びとによって始まり、サトウキビプランテーションの島として知られた。また燐鉱山の島（北大東島・沖大東島）でもあった。島の所有権は、個人所有から製糖会社に移り、戦後キャラウェイ高等弁務官時代（1964年）に至り小作人であった農民に島の土地所有権が認められるというユニークな歴史がある。

離島苦（シマチャビ）は広大な豊かなサトウキビの島を訪れると痛感する。その一つにはちゃんとした港湾がなかったことである。しかし、1989年から厚い石灰岩層を掘り込んで造る南大東漁港の建設が始まり、同港は島の漁業振興のみならず近海で操業する漁船の避難港および前進基地となって大規模な水産開発が期待されている。（島袋　伸三）

26　ミャーク、麻姑山《まこざん》、太平山《たいへいざん》　【宮古】

「宮古（ミヤコ）」の名が文献に現れるのは、『元史』並びに『温州府誌』の延祐４（１３１７）年の条にみえる「密牙古（ミヤコ）」が最古だとされている。大小二隻に60余人乗り込み、シンガポールに交易のため出かけたが、暴風で遭難した。小船に乗った14人が温州永嘉県で救助され、「海外婆羅公管下密牙古人」を名乗ったという。剣峯藤田豊八が１９１７（大正６）年「琉球人南洋通商最古の記録」と題して紹介したものである。婆羅は旧城辺町（宮古島市）字保良《ぼら》に比定されている。

考古学の分野からは、当時の宮古が海外と交易するほどに発達していたか、一定の疑問が提示されてはいるが、朝鮮の『李朝実録』の記述からは首肯の余地あり、と言えそうである。世祖の条（１４６１年）では「彌阿槐」あるいは「彌抄槐」、成宗の条（１４７７年）

では「悖羅彌古」「覓高」とあるからである。ミヤコ、ボラミヤコとよめよう。ボラ・ミヤコとは、当時の宮古では保良が宮古を代表するほどに著名であったということであろう。近世の『中山世譜』（１７０１年）が宮古の島々を列挙した上で、「七島総称シテ宮古島又麻姑山、庇郎喇（俗叫平良）」と記していることからもうかがえよう。宮古はマーク、ヒララともいうといっているのである。ボラ・ミヤコに準拠するなら、まさにヒララ・ミヤコと置き換えることができる。ボラに代わって、ヒララが宮古を代表する地域になっていると、よみとれよう。

かつて那覇市首里にあって戦火で失われた「国王頌徳碑」（１５２２年）は「みやこ」、袋中上人《たいちゅうしょうにん》の『琉球往来』（１６０５年）は「都」、ウイリアム・アダムズの『航海記』（１６１８年）は「メアコ」（Meaco）、古琉球から近世初期にかけて首里王府が発給した辞令書は「大みやこまきり」（大宮古間切）と記している。

宮古の異称として広く知られているのに「太平山《たいへいざん》」がある。その初出は首里城正殿にあった百浦添欄干《ももうらそえらんかん》之《の》銘《めい》（１５０９年）の、王尚真を讃えるなかの一つ、オヤケアカハチらの事件平定を伝える「太平山」であろう。程順則《ていじゅんそく》の『指南広義』（１７０８年）は「麻姑山（旁註太平山）」とし、徐葆光《じょほこう》の『中山伝信録』（１７２１年）は「太平山一名麻姑山、始宮古、後迷姑、今麻姑」である。太平山はマークシマともいい、始めミヤコ、のちメーク、今はマークであるということになる。明らかに太平山とは海抜百メートル以下の平坦なその形態に由来する呼称であり、訓付けはヒララで、ミヤコの意であり、メーク、マークはともにミヤコの転訛であろう。

ミヤコは今でも方音ではミャークである。宮古では日常ふだんに「吾達（バンタ）が宮古（ミャーク）」（我らの宮古）、あるいは「此《カ》ンチイ居《ウ》イキャーヌ宮古（ミャーク）」（こうしている時こそ宮古）というのが聞かれる。ミヤコとは現世のことであり、現世こそすべて、現世こそ楽土の意で用いられている。ミヤコは本来宮処（ミヤコ）で、都と説くのと軌を一つにするものであろう。

２００５（平成17）年10月1日、多良間《たらま》村を除く、平良《ひらら》・城辺《ぐすくべ》・下地《しもじ》・伊良部《いらぶ》・上野《うえの》五市町村が合併、「宮古島市」が誕生した。新市名称については「宮古市」など各種論議されたが、多良間村の姉妹都市岩手県宮古市への配慮等もあって、市民アンケートをへて宮古島市に落ち着いた。

（仲宗根　將二）

Ⅲ　集落の地名

沖縄県には41の市町村、奄美諸島に12市町村がある。それぞれの市町村は複数の集落から構成されているが、本章では集落の名前の由来や歴史を考える。

糸満市の糸満ロータリー付近

27 全国にも多い「なご」地名 【名護】

名護市の「名護」は、方言では「ナグ」といい、先輩方は多く名護湾の和《なご》やかな海にかけてその意味を解釈してきた。『海東諸国紀』（1471年）をはじめ古い文献にも、「なご・那五・那古・那呉」などと記されているので、起源の古い地名にはちがいない。

沖縄の各地の小字に「なご」を探してみた（『角川日本地名大辞典47 沖縄県』所収の「小字一覧」）。例えば、多良間村塩川《しおかわ》の福名護《ふくなご》、旧佐敷町（南城市）新里の名合《なごう》、那覇市銘苅《めかる》の名護松原《ナゴマツオバル》、旧勝連町（うるま市）平敷屋《へしきや》の名護、金武町金武の名古川《ナコガー》、本部町石川の名護、伊平屋村田名《だな》のチナゴなどが目に留まる。また、久米島にも、『おもろさうし』に「なこのはまに」「なこのひちやに」が見える（巻11－606）。旧与那城村（うるま市）宮城島の近世の村に名安呉（なぐ）があった。これらの「なご」に共通する自然的なイメージはどうであろうか。「なご」（なぎ・なぐ・なこ・なごや等）地名の意味は、全国一般には、①ナゴヤカ（和）と同源で平坦地・小平地をいう、②砂浜で波の音のなごやかな所、③波の穏やかな所、④ナギ（薙）の転で、崩壊地形をいう、⑤スナゴの上略で砂地をいう、⑥礫（奄美・沖縄に分布）、⑦霧（本土中部地方の方言）、⑧樹氷（長野県の方言）、⑨中世の下層隷属農民（名子制度）にちなみ東北地方に多い、とされている（『地名用語語源辞典』、地名の起源）。この整理では、名護の人の解釈は①・②・③に重なるが、④・⑤・⑥も可能性が残る。

転じて、本土の「なご」を探してみた（『現代日本地名よみかた大辞典』、『角川日本地名大辞典』）。読みが同じか近いものを拾いだすと、九州から東北地方まで計71カ所の「なご」地名があった。海に近く分布しているような印象を受ける。日本海側では佐渡ヶ島を北限とし、太平洋では千葉県を北限とする約50カ所の「なご」が、沖縄の「なご」と意味が通じるように思える。

九州の鹿児島県の西海岸、出水《いずみ》市に名護（名古）浦がある。「名古浦には、全国に散在する平家落人伝説が伝えられてきたが、特徴のある言語風俗から沖縄県名護地方からの移住説を考える人もいる」という（『出水の地名』）。そのすぐ北の熊本県八代市に日奈久がある。さらに北に行き、佐賀県鎮西町の名護屋は、豊臣秀吉が朝鮮侵略の際、全国の大名に出兵陣地を築かせた地だ。同じ玄海灘に面して、福岡県福岡市東区に名子が、周防灘に面する同県築上郡に奈古がある。大分県の南東部にも名護屋湾・名護屋崎がある。日本海を行けば、山口県阿武町に奈古、隠岐島にも那久・那久路がある。有名な天の橋立近くの栗田湾に面して奈具海岸が伸びている。石川県美川町の和波《わなみ》はかつて「なぎ」と称した。同県の能登半島の内海町にも長尾（なぐ）がある。富山湾に面する新湊市の放生津浦は、『万葉集』に「奈呉の海人の釣する舟」（巻17・天平18年）と歌われ、古代そこは海人の居住地であったという（『角川日本地名大辞典・富山県』）。

太平洋側に沿っては、香川県に名古島、大阪湾の名児の海（万葉集）や名子、そして中部地方の中心である名古屋市がある。名古屋市は、古くは那古野・名護屋とも書かれた。この名古屋の周辺には、陸部を入れて10カ所も「なご」地名がある。さらに千葉県館山市の那古は観音様で知られるが、前面の鏡ケ浦のたたずまいは、沖縄の名護湾の風情そのものである。

このように、「なご」は県内各地に、また全国各地にその地名をとどめている。それは、遥か昔、黒潮に乗って南から北上した民族がその土地にとどめた足跡かも知れない。あるいは、さらに古く言語文化を同じくする人々が活動した世界の痕跡かも知れない。

（中村　誠司）

28　地名が巻き起こす珍事

【恩納《おんな》の伊武部《いんぶ》】

その地の人は地名を地名としてとらえ、何の気もなく自己村の地名を語り合っている。ところが、よそ者はこの地名を、とんでもない方の言葉に置き換え、変でも何でもないのに面白がったり、笑ったり、あきれたり、時には思いがけない問題を引き起こしたりする者さえいる。つぎのような、おそらく作り話としか思われない話がある。

行き会った二人が仲良しになり、とうとう出身地も聞き合うようになった。「どこのお生まれですか?」、「私はオンナのインブの生まれです」。相手はあまりなことに驚きあきれて、「だれだってそこの生まれでない者はいませんよ。冗談を言われず、ほんとのことを聞かしてください」と。この言葉に逆にこちら側の人が目をパチクリ。双方ともしばらくの間は一方通行だったが、思いついて大笑い。相手に分かるように、「私の出生地は、恩納村の伊武部という村ですよ」。二人とも落ち着きを取り戻し、再度コーヒーを注文したとか……。

この恩納村の伊武部には海水浴場があり、民宿もある。これまた嘘話と思われるのであるが、ここの民宿に泊まった人が家に帰って、「オンナのインブで泊まった」と言ったことによって、教養ある妻君と大騒動を起こしたとのことである。

観光バスガールは海浜レジャーの「いんぶビーチ」を紹介するのに顔を赤らめ、うつ向いたままであったという。

あらぬ方に解釈するよそ者が後を絶たぬことによって、一時「伊武部」（いんべ）と言い換えたのであるが、地元民の反対に遭って元通りのインブになっている。

そもそも伊武部とは「印部」とすべきものを誤って当て字したものである。すなわちこ伊武部は恩納間切と名護間切の境界になっていることによって、そこの川に沿うて境界標識の「印部」が設けられていたのである。その「印部」が、先にも述べられた通り「伊武部」と当て字されたのである。

語源はともかくとして、地元の人はインブと言ったからといって別に何の気も持たないにもかかわらず教養あるよそ者たちは、とんでもない方の言葉を思い出して面白がっている。

（仲松　弥秀）

29 「チンヤンバル（金武山原）」【金武《きん》】

金武は、行政公称は「キン」とされるが、方音では「チン」と呼ばれる。また沖縄本島中南部のあたりからは、ヤンバル（山原）の取っ掛りの意味で、チンヤンバルとも呼ばれた。

現在の金武町は、南の方から屋嘉《やか》、伊芸《いげい》、金武、並里《なみさと》、中川《なかがわ》の五つの行政区のみに狭められているが、第二尚氏時代中期までの金武間切は、現在の恩納《おんな》村の恩納、瀬良垣《せらがき》、安富祖《あふそ》、仲間《なかま》（現、名嘉真《なかま》）と現宜野座《ぎのざ》村全域は勿論、現名護市の久志《くし》、辺野古《へのこ》までを領域とする広大な間切であったもので、琉歌の仲間節に、〝仲間からかいとて久志辺野古までも、金武御前がなしおかけ親島〟と謡われている。

『琉歌大観』（島袋盛敏、1964）や『南島風土記』（東恩納寛惇、1950）は「仲間からかいとて」を「仲間から久志辺野古にかけて」という意としているが、私はこの「かいとて」を「垣内（カイト）て」と採っている。すなわち「仲間からは金武の垣の内で久志辺野古もそうだ」と詠んだと理解している。「おかけ親島」は、両書のいう「御領地」のことで、日本語の古語「カキ」（部曲＝私有の部落〈ムラザト〉）に対応するものであろう。

1673（尚貞5）年、恩納、瀬良垣、安富祖、仲間を新設の恩納間切へ割き、同じく久志、辺野古を久志間切へ出して、ヤマトゥユー（日本治世）をむかえたが、去る沖縄戦を境とする、社会情勢の大激動のなかで、１９４６（昭和21）年、漢那《かんな》、惣慶《そけい》、宜野座、古知屋《こちや》（松田）が、宜野座村として分村した。

町民は進取の気性に富み、〝いざゆかん我が住む家は五大州〟の雄叫びで有名な当山久《とうやまきゅう》三以後、移民の成功は、その送金によって、戦前に県下初のコンクリート校舎の建造をみるほどであった。

現在の金武町は、実に町総面積の約60％を米軍基地に占拠され、一片の通知で、年間を通して実施される、県道104号越えの砲撃訓練や、日常的なライフル射撃訓練によって自然は破壊され、町民の日常生活はおびやかされている。

また金武にも、琉球各地に真言密教の事跡を遺した日秀上人《にっしゅうしょうにん》の遺跡「補陀落《ふだらく》渡航の漂着地」とされるフッカ（富花）の津や、上人の開基の観音寺と宮がある。

おもろ時代から第二尚氏時代を経て、今日の行政地名にまで永え、また拡大した地名「キン」も、先人たちの付与当初は、ウフウタキ（大御嶽）、メーヌウタキ（前の御嶽）などのある琉球石灰岩台地上の地点地名であったと考えられる。

これまで「キン」は、アイヌ語の〝山脈《やまなみ》〟をいう「キム」に関連するかとする説が大方である。金武の他に、具志堅（グシチン）、健堅（キンキン）、宇堅（ウキン）、久手堅（クディキン）など、堅の字が当てられ、方音で「キン」や「チン」と読む地名の地は、全て琉球石灰岩台地上に立地する。

私は、ギザギザした琉球石灰岩台地上に立地するという、共通項を踏まえて、「キン」とは、古語の〝切るの語根〟とされる「キ（寸）」と「ヌ（野）」からの変化である「ン」の複合語からの地名であろうとの見方に立っている。すなわち「キン」とは、石灰岩台地上の〝ギザギザした野〟という地形語がその起こりであろうと考える。（古語「キ」と「ヌ」は『時代別国語大辞典・上代編』三省堂による）

（久手堅　憲夫）

30　二つあった具《ぐ》志《し》川《かわ》村《そん》

【具志川】

具志川は方音では「グシチャー」、又は「グッチャー」と言っている。具志川という地名は行政地名が2、城跡が3、島が1であったが、２００５年に旧具志川市は合併し、うるま市に、旧具志川村は久米島町となった。旧具志川市は昭和43年に市制施行されるまでは村であった。つまり県下に具志川村が二つあったのである。しかもどちらにも、上《う》江洲《えず》・具志川・大田《おおた》の字名があるので、郵便物が迷うことがしばしばあったという。

　具志川城跡はこの旧二市町村の他、糸満市にもある。久米島の具志川城は、旧具志川村（久米島町）字仲村渠《なかんだかり》の北方海岸にあり、築城年代は不明である。島外からの侵入者であるマダフツ（真達勃）按司《あじ》が、仲地村《むら》の「仲地にや」という人の案内によって築いたと言われる。真達勃は南山の落武者ではないかともいわれるが確証はない。次代マカネコエ（真金声）按司の時に、島の南方儀間《ぎま》村にあるイシチナハ（伊敷索）按司の次男マニクダル（真仁古樽）按司によって、城を奪取放逐された。真仁古樽按司は後に、尚真王の派遣した首里軍によって亡ぼされ、以後廃城となっている。伝承によれば、真仁古樽按司によって追放された真金声按司は海を越えて喜屋武岬に至り、ここに城を築き具志川城としたという。城は字喜屋武小字具志川原《バル》カネク原に在り、海に面した絶壁の上にある。現在、島尻南部において久米姓を名乗る門中はこの按司の子孫といわれている。

　旧具志川市（うるま市）の具志川城は、字具志川小字下敷原の海に面している。築城は同市字安慶名《あげな》にある安慶名城大川按司の子により、三代の居城であったという。

　以上の三城跡には次のような共通したところがある。

⑴いずれも海に面して、海側は標高約20メートルの断崖絶壁をなし、後方はゆるやかな台地に続く。

⑵久米島及び喜屋武の具志川城近くの海岸に大和泊があり、旧具志川市の同城には大和泊があったかどうかは不明であるが、プラマ港という海外貿易に利用した港を控えている。

⑶遺跡から出土する遺物には、青磁、中国製陶器、グスク系土器などがある。

以上であるが、グシチャーグスクと音の相似たグシチャングスク（具志頭城）にも、この三点は該当するので、共に中国や大和との交易があり、三者は海洋に関する何か相通ずるものがあったのではと憶測される。

伊是名村の具志川島は、伊是名島と伊平屋島の中間に浮かぶ周囲4・17キロの小島で、昔は人も住んでいたが、1970（昭和45）年以降は無人島になっている。ほとんど全島を覆っている砂丘地は、縄文時代の遺物が多数発掘された遺跡群をなしている。

本部町にあった具志川村《むら》は、王府時代に始めは今帰仁間切、後に本部間切に属する村《むら》であった。現在の本部高校のある付近にあたり、浜元《はまもと》・渡久地《とぐち》・瀬底《せそこ》の集落は、この村からの移動であるという。伊是名村字仲田には、具志川田《ぐしかわだ》という小字（原名）がある。

（宮城　幸吉）

31　米軍基地のため戦後独立

【嘉手納《かでな》】

嘉手納は方言では「カディナー」と呼ばれる。

1922（大正11）年3月、県営鉄道嘉手納線が敷設されその終着駅がおかれたこともあって、製糖工場、県立農林学校、県立青年師範学校などがあり、去る沖縄戦で破壊されるまで、中頭《なかがみ》地方の教育、文化、経済の中心地の感があった。

また沖縄県会の「教育の地域均等」の意をうけ、一時期―1910（明治43）年～1919（大正8）年3月―、県立第二中学校もこの地に移転設置されていたことがある。

もともと比謝《ひじゃ》川が水深もあり、天川《あまかわ》ビラを下ると比謝橋の脇まで、山原船《やんばるせん》が入るという好条件の湊をひかえていたことが、発展の素地となったものであろう。戦争直後まで徳之島あたりの牛馬も搬入され、この地でセリにかけられ、沖縄全域へ運ばれていったという。

嘉手納飛行場、嘉手納弾薬庫などの米軍基地が町面積の82％も占拠して、町民は残余の土地におしこめられ連日爆音禍に嘖《さいな》まれている状態は、まさに基地沖縄の縮図であり、県内で最も軍事基地の被害を受けている自治体の一つである。

沖縄戦までは北谷《ちゃたん》村域であったが、米軍基地が中心部分を占拠した故に、一元的な行政運営が困難となり、１９４８（昭和23）年、北谷村（町）より分村、嘉手納村として発足し、１９７６年に町制に移った。

１９５６（昭和31）年、発掘調査がなされた嘉手納貝塚は、比謝川沿いの断崖上の傾斜面に立地し、沖縄考古編年前期（三千数百年前）の遺跡と推定されている。

この縄文後期人の小集団が、古代マキヨ村落（↓11）までつながるか否かは別として、『琉球国高究帳』の北谷間切をみると、その耕地面積は間切中最も小さい部類に入る。そのことと琉球石灰岩台地という嘉手納の地勢を考えると、この地は他に比較して初期農業への立地条件が悪く、農耕社会としての発祥は、他の群（ムラ）より遅かったといえそうである。

「カディナー」とは、地相・地形語「カド」と、同じく「ナ」の合成語から変化した地名とみることができようか。すなわち地形の隅をいう「カド」、土地を指す最も古い日本語の「ナ」の合わさった「カドナ」から、「カディナ」そして「カディナー」に変化したもので、比謝川河畔の断崖上の〝隅の地〟を指した先人たちの遺産であろう。（地相・地形語「カド」「ナ」は『地名の語源』鏡味完二・鏡味明克より）。

（久手堅　憲夫）

32　基地の街の象徴　【コザ】

わが国唯一のカタカナ名の市であったコザ市は、1974年4月1日に美里《みさと》村と合併して沖縄市になる前の沖縄本島中部にあった行政市であり、そのカタカナ市名は「基地の街」を象徴するものであった。

第二次世界大戦末期の1945年4月1日、沖縄本島に上陸した米軍は、占領と同時に沖縄本島中部の旧越来《ごえく》村（沖縄市）の嘉間良《かまら》（↓33）地区を中心に、米軍宣撫《せんぶ》本部を設置するとともに、避難民収容所を設置し、避難民を収容していった。この嘉間良を中心とした避難民収容地区を米軍はキャンプ・コザと呼んでいた。

「コザ」地名の由来については、一つは米軍が作成した4800分の1の地形図に胡屋《ごや》を「KOZA」と誤記したことに起因するという説、他には米軍が古謝《こじゃ》集落をスモールコザと呼び、嘉間良を中心とした難民収容地区をビックコザとよんでいたことから、古謝に起因するとする説（『コザ市史』1974）がある。

沖縄各地に設けられた収容地区の人口が増加し、米軍は1945年9月「地方行政緊急処置要綱」を発表し、16の住民収容地区に市機構を作り、その一つとして漢字の「胡差市」

が誕生した。その後、避難民が旧居住地に移動したため、１９４６年４月、市制は廃止され、元の越来村に戻った。

１９４９年、アメリカは１９５０年度予算に沖縄の軍事施設建設費を計上し、本格的な軍事基地の建設に着手した。嘉手納米空軍基地を控えた「基地の街」として再び人口が急増してきた背景のなかで、56年６月コザ村に名称を改め、同年７月に市制を施行し、コザ市となった。市制施行当時の人口は３万５千人であった。

１９７４年４月に市名を基地的イメージの強いコザから沖縄市へと改称した。コザ高校・コザ県税事務所・コザ十字路など、コザの名称は現在も生き続けているし、沖縄市というよりもコザと呼ばれることも多い。沖縄市は約14万２千人（２０２０年国勢調査）の人口を擁する沖縄県第二の都市となっており、沖縄本島中部の中心都市となっている。40カ国（２００５年）の外国人が居住する沖縄市は「国際文化観光都市」を宣言し、特色ある町づくりを進めている。

（堂前　亮平）

33　かつては越来の中心地　【嘉間良《かまり》】

沖縄市に嘉間良という原名《ハルナー》と小字名がある。地元では「かまはら」ということもある。現在は住宅地が広がり、戦後に一時期、越来《ごえく》村の中心地であったとはおおよそ見当できないが、コザ中央市場の建物跡やカマハラ農連市場、少し離れた八重島の酒場跡にその面影を残している。

「カマ」という地名は全国に分布しており、その由来については、「地形」・「植物」と諸説ある。沖縄県内には小字名に16カ所確認できる。本土で知名度が高いのは「鎌倉」である。「鎌倉」に幕府を設置した理由の一つとして、三方を山に囲まれ要害の地となっていたことが知られる。嘉間良の地形は、胡屋《ごや》や上地などのコザ台地から一段下がった台地に向かって、ひだ状に尾根が延び、尾根と尾根の間に小盆地が形成され、「鎌倉」と同様な地形となっている。このような地形から「カマ」地名が付いたと考えられる。県内では、北中城村の「カマサ原（こどもの国の南側盆地）」、「カマサ原（北中城中学校南西の盆地）」、うるま市の「カマシャ原（三方を山で囲まれたホワイトビーチの一角）」、名護市の「ハマラ原（三方は山に囲まれており屋部《やぶ》にある）」などに同様な地形が見られる。恩納村の「カマラ原（万座毛の北東側）」

は、盆地ではなく崖地であるが、同様に解釈しても良いのではないか。読谷村の「イトカマ原」、「マツカマ原」、「ヤマカマ原」の3カ所については、地形的に盆地なのかは判然としない。

嘉間良に沖縄住民の収容所が設置され、旧越来村の「中心地」が形成されたのには、この地形が関係している。この盆地状の地形は、周りの尾根に歩哨が立てば、監視や管理を合理的におこなえたからである。その後の収容所は拡大し、米軍によって「キャンプコザ」とよばれ、「コザ市」（↓32）の地名の由来ともなった。嘉間良には、役場、警察署といった官公庁、生活に関連した市場や劇場が作られ中心地が形成された。旧美里《みさと》村（沖縄市）の収容所が設置された「美浦地区」も盆地状の地形となっており、その設置理由も同様である。

やがて米軍からの開放地が広がると、役場も市場も基地の門前町ともいわれる胡屋《ごや》十字路やコザ十字路に移動していった。嘉間良は、盆地であるがゆえに一旦大雨が降るとあたり一帯の雨水が流れ込み、現在のような排水施設が整備されていない当時においては、何かと不便をきたしていたのである。発展性を考えると土地も狭く、交通の利便性等から鑑みても、必ずしも中心地として適した場所ではなかった。嘉間良は盆地の地形がゆえに狭域的な中心地が形成されたもの、また広域的な中心地となりえなかったのである。

（仲田　邦彦）

34　各地にあった中城《なかぐすく》地名　【中城】

思ゆらば里前　島とまいていまうれ島や中城　花の伊舎堂《いしゃどう》（じっさう節）

ユスジマ（他村）の異性と結婚する場合、ムラジンミ（村吟味）によって、男性の側は女性の方の村に、米を五俵から七俵も納め、またウマデェー（馬酒代）として泡盛を村の二才衆（若者達）に振舞うしきたりになっていた時代。なかでも、今帰仁《なきじん》間切の各村のごときは、妻が49歳になるまで、毎年三斗の米の納付を夫に課していた（『南島村内法』奥野彦六郎、1952）。このような時代に、よくもまあ「あなたがそれほどまでに私を愛して下さるなら、私のシマ中城間切の伊舎堂までいらっしゃい」とのたもうたもので、情熱の歌人恩納ナベに勝るとも劣らない。まさに、〝ヰナグヌ・ハティィレェー・ジャーナユン（女が果てると蛇にもなる）〟である。そういう今日はウーマンの話でも、女を揶揄《やゆ》することでもなく、歌に詠みこまれた「ナカグスク」についてのことだった。

今日では中城といえば中頭郡の中城であることが当然視されているが、1660年代以前には、あちこちに中城地名があったことが『琉球国由来記』（1713年）にみえている。

久米島の旧仲里村（久米島町）も中城と称していたらしいことが、1667（康煕6）年まで仲里城が、中城城と称したことで類推される。また糸満市の真栄里《まえざと》も、もとは島尻中城を名乗っており、名護市の仲尾次《なかおじ》も中城であって、今帰仁村の仲尾次は、上間・中城の二村（タムラ）からできている。大宜味村の田嘉里《たかざと》に中城之嶽があり、名護市真喜屋《まきや》のジャルマ島の古墓から中城掟《ウッチ》の銘書のある石棺が発掘されたことを、沖縄県教育委員会文化課編『金石文《きんせきぶん》』（1985）は伝えている。

これらの中城地名が改称させられたのは、第二尚氏の世子が中頭中城間切を世襲し、中城王子を称するようになった十世尚益《しょうえき》の世子尚貞《しょうてい》が立った以降であることは、久米中城城が仲里城に改称した年代から推して分かる。

さて改称以前、古琉球時代の地名「中城」は、何を秘めているだろう。ナカとは、土地の一定の区画内をいう地名語であり、グスクのスクも、区画を指すシキから変化したものと分かったので、古くは〝一定の区画のシマ（くに）〟を指したものであったと考えられ、さきに述べた尚貞以後の中城は、世子領という時代の変遷を享《う》け、中の字義を重用した〝要《かなめ》の地と〟いうこととなったのであろう。

日常語に比して堅固な性質を持つ地名でも、時代の変遷に伴う一定の語源の変化は避けられず、中城地名もその内の一つといえる。

（久手堅　憲大）

35　第一尚氏出生の地　【佐敷《さしき》（サシチ）】

沖縄本島南部の中城《なかぐすく》湾の知念半島湾曲部に位置する馬天《ばてん》港の沿岸に旧佐敷町（南城市）があり、同村《ドゥームラ》（間切名と同名の村）の字佐敷がある。方言では「サシチ」という。佐敷は第一尚氏、尚巴志《しょうはし》の出生の地として「東御廻り《アガリウマーイ》」の古蹟の多いところである。

『おもろさうし』巻19の表題は「ちゑねん、さしき、はなぐすくのおもろ御さうし」となって佐敷関係のオモロが多く収められている。巻14の「いろいろのゑさおもろ御さうし」にも「さしき　おわる　おもひくわ」（巻14－1015）、「さしき　いちへきあち」（巻14－1015）（佐敷意地気按司）とオモロに謡われ、佐敷は古くから優れた按司が支配していたことがわかる。

佐敷の集落の南側の傾斜地の馬天港を見下ろす台地斜面の下部に尚巴志の居城だった佐

敷城がある。上城（ウィグスク）ともいっている。城跡とはいっても城壁の石垣はすっかり取り壊されている。１９７９年７月、佐敷町教育委員会の発掘調査によって石列の遺構と柱穴のピットが検出され、莫大な量の青磁片等が出土している。石垣が残されていないのは、尚巴志が首里に中山の城を築いたとき、佐敷城の石垣はブー（使役）によって手渡しで首里まで運びこまれたという言い伝えがある。

佐敷城跡には昭和13年に第一尚氏につながる一族によって「つきしろの宮」（月代の宮）が建立されている。毎年旧暦９月15日に例祭がある。

佐敷はまた佐鋪と表記されたこともあり、『絵図郷村帳』（１６４５年）と『琉球国高究帳』（１６３５年）では佐敷間切、佐鋪村と見えている。佐敷村《むら》には与那嶺《よなみね》村と苗代《なえしろ》村があり、現在の字佐敷となっている。尚巴志の祖父佐銘川大主《さめがわおおぬし》が伊平屋島から佐敷に移り住んだ。その住居跡がバテン嶽である。その子思紹《ししょう》は苗代村に居を構え苗主大親と呼ばれた。

佐敷の方音「サシチ」は鏡味完二著の『地名の語源』（１９６４）に「サシ、サーシは傾斜地（サガシイ↓サーシー）喜界島方言」とあり、佐敷も傾斜地という語源が推考される。佐敷間切はその語源の示すとおり、傾斜地（サガーラージ）であるので歴史的にも地すべりの多いところである。戦後１９５９年10月15日シャーロット台風の大雨で、佐銘川大主ゆかりの地、バテン嶽が崩壊性地すべりをおこし、約7万坪の土地が原形を失ってしまった。『球陽』尚瀬王21年の条に「本年佐敷郡、地崩る」とあり、「津波古村西方の比良原が崩れ、近村辺に逼り、村人を驚かした」（1824年）。

旧佐敷町には今でも崩れ原の小字名（原名）が多い。津波古《つはこ》に「庫利《くーり》原」、小谷《おこく》や新里《しんさと》に「山崩原《やまくじり》」「崩利下《くんりした》原」等の地名があり、地すべり地帯であることを警告している。リゾート開発も地名の由来を知ってやってもらいたいものである。

『中山伝信録』（1721年）所載の「琉球地図」に「佐鋪ともいう。首里の南二十里にある。蘇姑那《そこな》嶽がある」とみえる。知念の知名《ちな》と佐敷の屋比久《やびく》の間のソコナムイのことである。知念字にはスクナの屋号もある。『中山伝信録』に洪武25（1392）年、「是より先、国人の才孤那《ソコナ》ら二十八人硫黄を阿蘭埠で採集していたが、風にあって恵州の海豊に漂流した。」蘇姑那は即才孤那で、これが最も古い漂流民の記録だとすると佐敷、知念附近の海人が中国広東省恵州府海豊に漂着したにちがいない。今のスクナムイは底仁屋、須久那等に変わっているが、古くから佐敷馬天港か、久高島、知念森城の海岸に海外交通の拠点があって、そこの海人（ウミンチュ）が才孤那（ソコナ）人であったと言える。オモロに「そこにやたけみたけ」とあり斎場御嶽と対等の聞得大君加那志おあらおれ（御新下）の参詣所であった（『混効験集（乾坤）』）。
佐敷間切は王后の所領となり、王后を佐敷按司加那志と称し、王后の殿、佐敷御殿が継《けい》世門《せいもん》内に創設された。（『球陽』尚敬王20年）
（新垣　源勇）

36 「村渠《むらかれ》」は村別れの意味

【仲村渠《なかんだかり》】

いかにも沖縄らしい名称であり、地名、氏姓、屋号として親しまれている。東恩納寛惇は『南島風土記』（1950年）で最も多い氏姓（24位まで）を首里、那覇について挙げ、比嘉（1位）から与儀（24位）のなかで仲村渠は17位となっている。
現在沖縄で仲村あるいは中村姓が多いのはかつての仲村渠からの改姓によるといわれている。一方、地名としては、旧玉城村（南城市）と旧具志川村（久米島町）に仲村渠がある。伊《い》波《は》普《ふ》猷《ゆう》は『琉球国旧記』の解説（昭和15）において仲村渠なる地名について言及しており、かつその翌年には大阪の『球陽新聞』に「仲村渠考」なる小論を掲載している。彼があえてこの沖縄独持の名称にこだわり、その語源解説を行っていることは沖縄の氏姓の特異姓、珍しさがネガティブに強調された時代的背景があったことをうかがわせて興味深いものがある。伊波普猷によると、普通名詞としての村渠（むらかれ）は村別れの義であるという。方言のアカリは日本語の古語に通ずる語であり、沖縄の古い集落にみられるシマ、サト、マキヨなどの小集団形成とも関係があるという見解もある。いずれにしても集落発達の過程において集落を意味する名称として村渠が各地に多くみられた。集落の普通名詞としての村渠は集落の相互位置関係あるいは時代的背景から接頭辞を付して固有地名となっている。例えば、旧具志川村の仲村渠は上村渠、仲村渠、前村渠の三小集落が仲村渠にまとまったという。

「仲村渠考」において伊波普猷は、那覇市辻《つじ》には前、後、上、中、下、奥、新の接頭辞のつく村渠があったことについて詳述している。この場合、集落の小地域あるいは区分を意味する名称として村渠をとらえているといえよう。現在では恩納、金武以南の沖縄本島と久米島においての集落の区分、組を意味する村渠地名が多く残っている。例えば、浦添市の仲間、安波茶《あはちゃ》、城間《ぐすくま》、屋富祖《やふそ》、仲西《なかにし》、小湾《こわん》、前田、沢岻《たくし》に前・上、前・後、前・後・東・西、中、前・上・東・西の接頭辞の付く村渠が確認されている。具志川村西銘では前後東西の村渠呼称で集落内の家の場所を示すのに使用している。例えば「上江洲家は東村渠に位置している」というように。なお、今帰仁村や国頭地方の村落にみられる「バーリー」系の呼称（↓9）は村渠から転じたものであると伊波普猷は結論づけているが、これに対しては別の見解もある。

いずれにしても、前・後・東・西・大・中・上・下・奥・新（北・南・小については未詳）の接頭辞の付く村渠が各地に小地名として残存している、屋号としてもかなりの村渠があるものと思われる。だが、字名、氏姓としては仲村渠だけに集約されているのは、どのような理由によるのだろうか大変興味深い課題といえよう。

（島袋　伸三）

37　白銀堂が発祥の地　【糸満《いとまん》】

沖縄本島南部では漁業の街としてつとに名高く、旧糸満町、兼城《かねぐすく》村、高嶺《たかみね》村、三和《みわ》村の一町三村が1961年に合併して誕生した本島の南端部分を占めるのが糸満市である。

近世以後、船団による漁法（追い込み漁）は、糸満漁師の名声を冠たるものにし、イチュマナー（糸満人）の呼称は、沖縄における漁民の代名詞にさえなっていった。また琉球弧のどの漁師街にも糸満漁夫は在り、それどころか地球の裏側のカリブ海の漁師街にさえ出向いて行っている。

埋立てに次ぐ埋立てで、海に延びて漁業中心に発展し、市街地をなしている旧糸満と、純農村部の兼城、高嶺、三和地域とでは、気質のうえでも大きな差異がある。それに比較して農村地域における日常生活では、自然条件の他には農民を直接死においやったりするものはない。この生業《なりわい》のちがいからくる気質の差異は避けられようもない。

一方同じ農村部でも、兼城、高嶺地域から三和地域の人々は、フェーカター（南の方の人々）と呼ばれていた。

今日的行政地名として、フェーカタまで広がったイトマンも、近世まで、兼城間切の一寒村の地名でしかなかったのはよく知られている。イトマンの発祥の地は、いま白銀堂《はくぎんどう》と呼ばれている、ヨリアゲ（寄り上げ）ノ嶽の崖の上に在った小集落である。

古代は、このヨリアゲノ嶽の崖下まで海水に洗われていて、その情景が、附近一帯で他と識別する特徴となっていたものとみられる。

『琉球国高究帳《こくたかきわめちょう》』（1635年以降に各村の石高を集計した帳簿）は「いとまむ村」としており、イトマンは、このイトマムからの変化とみられるが、イトマムは、磯の地形語の「イト」と、崖を指す地形語の「ママ」の複合語「イトママ」からの変化したものと考えられる。
イトマムとは、「磯の崖地」を指して、この地へ〝群建（ムラダ）て〟をした先人たちの命名であろう。（地形語「イト」「ママ」は弥生以降のもので『地名の語源』鏡味完二・鏡味明克による。）

（久手堅　憲夫）

38　沖縄戦終焉の地

【摩文仁《まぶに》】

摩文仁は沖縄本島中南部方言で、現在は「マブイ」と呼ばれているが、『おもろさうし』（第12―1334）に「まふに　いしくすく、まふに　かなくすく」と謡われているのをみると、「こめすおもろ」の編纂された1623（尚豊3）年のころまでは、マブニ表音であったことが解る。
この地は、去る沖縄戦で日本軍の最後の司令部壕がおかれたこともあって、沖縄戦での組織的戦闘の終焉の地となり、島の南端に追いつめられた非戦闘員の老若男女と日本将兵が、おろかな戦争の犠牲となり、数万ともいわれる人間が殺されたところである。

また1945年3月31日、沖縄師範男子部全生徒に召集令が下り、教師となるべき280人の若い命が、野田貞雄校長ほか職員17人と共に鉄血勤皇隊の名のもとに殺され、追いつめられて最後の地となった、この摩文仁岳の麓《ふもと》に沖縄師範健児之塔が建立されている。いま沖縄平和祈念公園として、沖縄平和祈念堂や沖縄県平和祈念資料館が設置され、各県各地の慰霊塔が林立し、観光客の手向ける香華が後を断たない。また、国籍を問わない戦死者名を刻んだ平和の礎《いしじ》も据えられた。

摩文仁は、現在糸満市の行政区域となっているが、戦争前は独立した摩文仁村であった。隣接の真壁《まかべ》村、喜屋武《きゃん》村と共に、最も苛酷な戦禍をうけて村は廃墟と化し、それぞれでは一村を構成できない程に人口も激減し、1946年（昭和21）4月1日、3村は合併した。平和の尊さを希求して「三和村」として再生したが、時代の趨勢は、戦争の愚さを知らしめる記念碑的行政地名「三和村」をも、そのままにはおかず、1961年（昭和36）10月、兼城村・高嶺村と共に、糸満町に吸収合併され今日に至った。

摩文仁岳は、海岸に臨み断崖をもつ独立丘である。地名「マブニ」とは、崖を指す地形語の「マブ」と、上代語の影を宿し〝辺り〟とか〝ほとり〟をいう「ニ」の複合語であろうとみられる。（地形語「マブ」は弥生以降のもので『地名の語源』による、「ニ」は助詞で時代別『国

語大辞典　上代編』による)。すなわちマブニとは〝崖の辺り〟の意を秘めた地名で、古代共同体集落やマキヨは、この岳のほとりにあったことを、今日のわれわれに伝えている。
岳名にマブニが付いたのは、地名マブニの義が伝わらなくなった後世の〝知識人〟が為したものであろうが、地名とは実に悠久の時に堪えてなお連綿と息づくものである。

(久手堅　憲夫)

39　北のあたりとグスクのあたり　【西辺《ニスナギ》と城辺《グスクナギ》】

ふつう平良(ピサラ)といえば旧平良市(宮古島市)の中心をなす東仲宗根《ひがしなかそね》、西仲宗根、荷川取《にかどり》、西里《にしざと》、下里《しもざと》5か字の市街地部分を指し、近世には平良士族の住居が集中していた地域で、明治以前からの呼称である。郊外は下里最寄、西里最寄などとよばれ、主として士族抱えの名子らのパリバンヤー(畑の番小屋)から開けた地域で、住居は点在している。
ほぼ三角形の宮古本島は、この平良を中心に三方に開け、近世この方、北方は「ニスナギ(西辺)」、東方は「グスクナギ(城辺)」、西南方は「スムヅ(下地)」と俗称されてきた。

行政単位は平良、下地、砂川（ウルカ）の三間切であったので、両者はストレートに重ねられる呼称ではない。

下地は平良の下《しも》の方にあると理解すれば一応首肯できる。他の二つはなかなかの難物である。「ニスナギ」とは「北のあたり」の意であり、「ニス」を「北」とせず「西」とあてたところに現在ある種の混乱が起きたのであろう。「ニスナギ（北の辺り）」とは、本来平良の北方、西原、大浦、島尻、狩俣《かりまた》のすべてを指す呼称である。それゆえ１８８６（明治19）年創立の西辺小学校は、はじめ北端の狩俣に設置されて西辺小といったのである。のちに野田、西原と移転していく過程で、狩俣には分教場が開設されて、さらに狩俣小として独立する。本校の西辺小は西原へ落ちついたために、学区名も重なってか、今では当のニスナギの人びとまでも、西辺を西原に限定して考えるようになったのであろう。

「グスクナギ」とは「グスクのあたり」の意である。平良の東方に位置しており、西辺との対応では東辺とでもすべきであろうに、なぜ城辺であろうか。１７２７年整備の『雍《よう》正《せい》旧記』は、「城辺之内」として宮国《みやぐに》、新里《あらざと》、砂川《うるか》、友利《ともり》、保良《ぼら》、平安名《へんな》の６か村（現行大字）を明記している。これよりさき、これらの村々はすべて砂川間切という行政区画に入っているのである。城辺とすることを当然視する何かがなければならない。

県教育庁文化課が、このほどまとめた宮古の『ぐすく調査報告書』は、61カ所のグスク遺跡をあげている。このうち伊良部《いらぶ》、多良間《たらま》などの離島を除くと、宮古本島内は平良15、城辺15、下地8、上野4、計42カ所となる。旧上野村（宮古島市）の4カ所は前記6カ村のなかにあり、いわゆるグスクナギは19カ所、宮古本島内でもっともグスク遺跡が集中しているのは、文字どおりグスクナギ（城辺）ということになる。1908（明治41）年4月、特別町村制が施行されたとき、砂川でも東辺でもなく、城辺村とした根拠もこの辺にあろう。

（仲宗根　將二）

Ⅳ　地形・水に由来する地名

地名のなかには、土地の自然環境、特に地形や地質、水とのかかわりの深いものが数多くある。本章では、地形を中心に、自然環境の特徴から土地の名前の由来をたずねる。

宮古島の平安名崎

40　波之上宮はハナ、グスク

【「鼻」は岬角名】

鼻地名の岬角《こうかく》（陸地の、海中につき出た場所）は琉球弧の島々にも案外あちこちに分布している。南九州島の西方を南下すると、先ず甑《こしき》島諸島に白瀬鼻、熊ケ瀬鼻、八尻《はつしり》鼻、津口鼻があり、その南の宇治諸島に大野鼻、ガロ鼻、梶原鼻、川久保鼻、センバ鼻がある。

ここから琉球弧に入ると、火山島の竹島に崎江《さんのえ》鼻、瀬戸鼻、同じく小火山島の黒島に赤鼻、松ケ崎鼻、塩手鼻、中鼻、ツバノ鼻など実にハナバナしい賑わいである。比較的平滑な海岸を成している種子島には黒瀬ノ鼻、大川鼻、田ノ脇鼻、アブソコ鼻がある。口之永良部島に城ケ鼻、屋久島には四瀬ノ鼻、せんろく鼻、谷崎鼻、カマゼノ鼻が見られる。小火山島列を成しているトカラ列島の平島に赤鼻、諏訪瀬島に富立鼻、作地鼻があり、悪石島にも黒崎ケ鼻がある。

奄美大島・加計呂麻《かけろま》島はリアス式海岸をなし、岬が多くあるにもかかわらず、「鼻」地名は少なく、大島に神ノ鼻と城ノ鼻、クラキ鼻の三つ、加計呂麻島も崎根鼻、先鼻の二つがあるが、与路《よろ》島の小島には大瀬鼻、青尻鼻、潮早鼻、三丁落鼻の四つが見られる。

それより南下すると徳之島、沖永良部《おきのえらぶ》島、琉球弧中で最も面積大な沖縄本島となるが、これらの島々には鼻名の岬角がほとんど見出せない。（ただし、伊是名島の北端を「打鼻」といい、その南東部に「内花」の集落が位置する。）ずっと南下した宮古諸島、八重山にも見出せない。これらの島々は、琉球石灰岩地層に覆われ、かつ沿岸にはサンゴ礁の発達が著しい島々である。この地域に鼻名の岬角が見当たらないのと同じく、立神《たちがみ》（↓68）名称の地名も見当たらない。

　ところが那覇港入口に地図上では見出せない波之上《なみのうえ》宮となっているハナグスク（花城）がある。明らかに鼻状に海に突出した地形をなしている鼻城である。慶良間諸島には鼻名の岬角が相当に分布している。阿嘉島に佐久原鼻、座間味島の留加比《るかひ》鼻、牧治《まきじ》鼻、久場島に廻《とうい》鼻、紺瀬《くんじ》ノ鼻、落水《うてぃみず》鼻がある。久米島には地形上明らかに鼻先である花咲港が存在している。

　琉球弧南端の宮古・八重山諸島には鼻名の岬角は見出せないことは既に述べたのであるが、ただし最南西の与那国《よなぐに》島には新川鼻、馬鼻があり、かつては海に面していたであろうテンダ鼻の崖が見当たる。

（仲松　弥秀）

41　蛇《へび》の意からきた岬名

【平安名崎（ピャウナ・ザキ）】

宮古島には二つの平安名崎がある。一つは東端の旧城辺町（宮古島市）字保良《ぼら》の小字平安名（ピャウナ）、宮土（ミャードゥ）等を基底に、標高20メートル、幅150メートル、長さ2キロメートルで細長く太平洋へ突きでた平安名崎。もう一つは北端の旧平良市（宮古島市）狩俣《かりまた》の、文字どおり雁股の矢のように池間《いけま》島の二つの岬に対応するように突きでた二つの岬のうちの西側が平安名崎である。ちなみに池間島へ橋のかかった東側の岬は世渡崎（シードゥ＝セト・瀬戸）である（↓63）。

『宮古・八重山両島絵図帳』によると、島の東端には「百名崎」と「ひやくな村」の表記がある。『琉球国郷帳』では「百名村」、宮古島在番記等では「平安名村」である。村の方は近世末期に保良村に併合されたらしく近代以降の行政単位としての「平安名村」は登場しないが、いまも地元ではこの一帯を「ピャウナ」、岬は「ピャウナ・ザキ」と称している。「ピャウナ・ヌ・マチャガマ」という民謡も広くうたいつがれている。

狩俣の平安名崎について『絵図帳』は「ひやんな崎」と記し、「ひゃくな」との区別をしているが、ここ狩俣でも保良同様「ピャウナ・ザキ」と称している。いつごろから双方ともに平安名崎と記し、「ヘンナ・ザキ」とよぶようになったか定かではないが、首里王府派遣役人らの影響によるものではなかろうか。

また、それぞれに東・西（実際は北）の方位を冠してよぶようになったのは、近代以降のように思われる。近世の人頭税社会における庶民には移動の自由はなく、生れ育ったシマ（村＝現在の大字）こそ完結された共同体社会であり、人びとの思考もその枠をこえることはなかったからである。シマの範囲をこえて宮古全体の共通概念が必要になって、初めて東西の区別が生じたのであろう。

ともあれ表記の方は東・西ともに「平安名崎」が定着、よび方も「ヘンナ・ザキ」で落ちついているかにみえたが、近年は「崎」の表記に混乱が生じている。市町村等の発行するパンフやマスコミ報道でも「平安名崎」と「平安名岬」の両方がある。県道筋の道路標識には隣りあって、その両方が立っていたりするほどである。

ところで、「ヘンナザキ」は、いまも方音では「ピャウナ・ザキ」であり、「ピャウ」はパウ、蛇の意である。東・西ともにその形態は蛇に類似している。「ナ」は地理空間を示す接尾辞であろう。近年まで平良港域にあって、若者たちの青春の舞台として知られていた小さな岬、〝ポー・ザキ〟も本来パウ崎であり、蛇に似た岬の意であったろう。（仲宗根　將二）

42　宜野座村のシンボル　【ガラマン岳】

宜野座村と名護市・金武町の境界は山のハイジー（分水嶺）を境にして境界線が引かれている。北側から古知屋《こちや》岳（284・3メートル）・ガラマン岳《ダキ》（254メートル）・漢那《かんな》岳（238メートル）・一《ティーチ》岳（162メートル）と山並みが連ね、それら山並をガラマン連山と呼称されている。

ハイジーには、人が歩けるほどの道があり、王府時代には山奉行を籠に載せて巡検させ、沖縄戦では日本兵が作戦で利用し、山原奥地を目指して疎開する避難民が米軍機の攻撃を避けるために通るなど、ハイジーは歴史の道である。ガラマン岳、またはガルマン岳は、山麓が木の根っ子に似ていることから「ヒジャー山」と呼ばれ、また、字宜野座や字惣慶《そけい》の入会地に入っていることから、それぞれの字の所有を誇張するために「宜野座山」「惣慶山」とも呼ばれている。大正年間に陸軍参謀本部が作成した地図には「榕樹岳」として登場する。

近年では、ガラマン岳は宜野座村のシンボルとして、がらまんホール・がらまん祭・がらまん人材育成・ガラマン魂など、ガラマンが教育、行政、産業などの分野で用いられている。

ガラマン岳の語源について、通説では、ガラマン岳の山ひだが馬の背中に鞍を乗せない裸馬「カラウマ」に似ていることから、カラウマからガラマンになまったと考えられている。ガラマン地名は、地元では固有名詞と思われているが地名関係の資料を調べると金武町の億首《おくくび》川に「ガラマンジャク」があり、宜野湾市の普天間基地の中に「ガラマン」地名2カ所記録されている。また、八重瀬町、具志頭《ぐしかみ》の堀川に「ガルマン」と呼ばれている洞窟があり、決してガラマンは宜野座村だけで聞かれる地名ではない。

ガラマンの語意について従来のカラウマ説の他に、他地域で呼ばれているガラマン地名に共通して見られる地形的特徴からガラマンの語意がおぼろげながら次のように考えられる。金武町の億首川のガラマンジャクは、河岸段丘の横幅が急に人間の腰のようにくびれることから「ガマク（腰）サク」と呼ばれていたのが、「ガラマンジャク」に変化したと考えられる。また、宜野座村のガラマン岳は人が横に寝そべっている姿にも見えることから「ガマクダキ（腰岳）」から、現在のガラマンダキに呼び方が変わったと考えられる。

（知名　定順）

43　八重山の峠　【越地】

「越地」（クイチィ）というのは峠のことで、八重山ではそういう箇所がいくつかある。浦底《うらすく》越地、久場《くば》山《やま》越地、高間《たかま》越地、安良《やすら》越地（以上、石垣島）、大原《うはら》越地（西表《いりおもて》島）などがそれで、それにちなむ民謡、「久場山越地節」「大原越地節」「越地節」などが知られている。

その越地（峠）を上り下りする道を「越地道」といい、民謡にも「越地道」「山道」というように対《つい》をなして歌われ、峠越えも「越地越い」といって「岳越い」という言葉が対になっている。山々をはさんで向き合う形の村々、石垣島では東海岸一帯と西北海岸一帯の集落もそれにあたるが、その山々を人が通る程度の道を開いて利用した。とはいっても山地の地勢にそって開かれたはずで、そのため幾重にも折れ曲がったりする道となった。その越地道を俗に「屏風廻」（ペーブマーリ）というのはここからきているということだ。

王府時代の「親廻り」（ウヤマーリ＝上級役人による年一、二回の巡視）に際しては、民謡に「どのような越地道、いかような山道」であっても「絹をしいて、布をしいてお通ししましょう」といった意味の内容が歌われているが、険しい山越えの道なればこそ外来者への優しい気遣いとなって歌われたと思われる。

　ところで山々は、おのずと人の往《ゆ》き来《き》をはばむものであるが、山をはさむ双方の村の恋し合う男女にとっては、その越地もしくはその近在の場所がひとときの逢瀬をたのしむ場となったとしても不思議ではない。山中の小さなせせらぎの流れる岩場で男女が時のたつのも忘れて話し込み、ついにその岩に小さな深い穴をうがったという「穴石伝説《あぶいし》」を生んだりしている。浦底越地がその場所で、現在は石垣島東部の星野《ほしの》と北部の大田《おおた》間を結ぶ山越えの農道として車が通るまでに整備されている。また、久場山越地という箇所は野底《のそこ》と桃里《とうざと》を結ぶ険しい峠で、昔ここを行き来した人たちの苦労が偲ばれる所だ。

　しかし一方で、山越えもこうたびたびではやはりきついとみえ、「岡《むり》越《く》いぬならぬ、岳《たき》越いぬならぬ」（山越えはもうたくさんだ）などといって、早く一緒になって暮らそうと結婚を急ぐ現実的な内容の歌もある。安良越地という場所がそれらしい。ほかに、於茂登《おもと》トンネル近辺に高間越地と呼ばれている箇所がある。

　ところで「越地」というのは、「越える」という言葉と「みち＝道」という言葉がひとつになったものと思われる。そこで「越地」に至る道を先に触れたように「越地道」といい、また「越地」を越えることを「越地越い」というように、言葉が重なるようになったのだろう。交通不便な時代、山々の多い土地ならではの地名といってよい。

（崎山　直）

44　語源は小坂かくびれか

【クビリ】

伊野波《ヌファ》の石こびれ無蔵《ンゾ》つれてのぼる
にやへも石こびれ遠さはあらな

かの有名な「伊野波節《ヌファ》」の本節である。ヌファ・ヌ　イシクビリとは、本部町伊野波《いのは》にある小地名で、「伊野波の石クビリは難儀な場所ではあるが、やがて遠くにつれされる恋人を送るつらさに比べれば、なんという事はない。もっともっとクビリへの坂が長く続き、クビリが遠くにあってくれたら」と、別離の哀惜の情を詠いこめている。

『おもろさうし』にも、クビリを謡ったのがある。「みねま、くびり、なゝそ、たうちへ、ぎぼくびり、もゝそ、たうちへ」（第10－525）、この一つのクビリとも首里の内にある小地名で、首里にはその他にも、金城の石クビリ、島添の石クビリ、見揚森の石クビリなどがあったようで「金城よめやないぶさやあしが見揚森くびりみちぬあぐで」（金城村にお嫁には行きたいが、見揚森クビリの長い坂道があるから思い惑う）とある琉歌をみると、クビリ地名の付くところ、いずれも難所であったらしい。

多幸山《たこうやま》のフェーレー（追いはぎ）伝説の地点も、石クビリ地名が付いており、大宜味村にもクビ（リ）地名が散見でき、『沖縄今帰仁方言辞典』（仲宗根政善著、１９８３年）も、クビリ地名を採録している。このことから、クビリは少なくとも沖縄本島一円に広がっている地形語であろう。

『混効験集』に「みねまこひれ、津嘉山御殿西の小坂を云」となっていることや、クビリの語感から、辞書その他大方が、クビリはクビラ（小坂）の転化とみている。

地名の研究では、言葉そのものの分析と、どのような地点に付与されているかを、総合して検討することが不可欠な要素で、そこに地名巡検の重要性が生まれる。首里の儀保《ぎぼ》クビリは、ニシムイが虎瀬《とらず》山陵に連なっていた１９３０年代初頭まで、東の虎瀬山陵と西森の間の最も「括《くび》れた」地点に付与されされた地名であり、大宜味村のクビリ地名も、同様な地形上にあるときく。クビリとは、他県で陵線の「撓《たわ》む」地点の道に付与された峠と、同類異語の地名である。首里大中《おおなか》町の消滅させられた嶺間クビリは、明らかに小坂であるが、見揚森クビリや島添クビリ、金城クビリなどは、クビリの義が伝わらなくなった以後、言葉の誤解によって付けられたクビリ地名で、長く続く険しい坂の立地条件からも、小坂とはいい難い。

（久手堅　憲夫）

45　難読地名「大工廻《だくじゃく》」　【「サク」地名】

首里城跡の南縁、真玉《まだま》グシクの下のグシクヌシチャーを百メートルほど東進すると、首里城の陵線と崎山御嶽《さきやまうたき》の陵線との狭間に出る。私は、ここを仮に崎山地峡と呼んでいる。古代は、ここから東方の崎山・赤田一帯は凹地になっていて、1700年ごろの古地図にも水田が一定の面積を占め、水田に因む小地名も、二つ三つと遺《のこ》っている。地狭の辺りに、近隣の住人も由緒ある井戸らしいとおぼろに感じているダクジャクガーがある。

一般に沖縄の地名は、難読、難解だといわれていて、中でもダクジャクは、大工廻と当て字されたが故に、その最たるものの一つとされている。

大工廻《だくじゃく》のムラは、『沖縄県市町村別大字・小字名集』にも記載され、ジャクジャク（大工廻）原など十の原名も載っているが、今は米軍嘉手納基地のなかに囲まれ、消されたムラである。

大工廻の「廻」は、「迫」の書跡の読み違えによる当て字だともいわれているが、サクとかジャクの付く地名には、ナガサク、フカサク、ウフサク、フナサクなどが目立ち、セークジャク、クニンジャクなどの原名もある。また、姓にまで発展したサクには、佐久川《さくがわ》、佐久田《さくた》、佐久真《さくま》、佐久本《さくもと》などがよく知られている。

　沖縄本島と周辺離島の、地名サクへの借字の廻のほか、迫、作、佐久、尺、差久、沢などが当てられている。種々に当て字されているこのサクは、地相・地形語で〝狭い所〟をいう〝狭処（サコ）〟で、V字地形を指したものである。

　佐久川《さくがわ》とは、すなわちV字地形を流れる川で、佐久田とは狭処の狭小な水田のことで、佐久真は文字通り狭間《はざま》で、佐久本は狭処《さこ》の上手を指したものであろう。またセークジャクのセークは、地形語セコ（狭処）の変化であろうから重箱言葉であり、クニンジャクのクニもクメからの変化の可能性を秘めていて、地相・地形語クメは狭間を指す言葉であるから、これも重箱言葉と考えられる。

　先に述べた大工廻は、デークジャクの変化で、〝デーク（暖竹、ダンチク）の繁った狭処〟が地名の由来であろう。

　首里崎山町のダクジャクガーは、V字地形、〝崎山地峡の暖竹の繁った地に湧いた泉〟をいい、いまに古代の地形と植生を伝えているとみられる貴重な文化財的井泉である。

（久手堅　憲夫）

46 八重山で谷や割れ目の意味

八重山の地名のなかには、谷や割れ目などを意味する「バリ」という語がある。与那国島にある「クブラバリ（久部良割れ）」などは、よく知られている例のひとつである。ほかに、「〜バリ」などと呼ばれる地名は、津口名（リーフの割れ目）や田地名などに比較的多く残されている。具体的には、石垣島を例にみると、次のような津口名、田地名などがある。

津口名としては、ナーバリ（白保の東方の津口）、パンナーバリ（大浜の東方の津口）などがあり、また、田地名としては、大字別に紹介すると、石垣のピィサガーバリ、マラタラバリ、ミシキナーバリ、新川《あらかわ》のフカバリ、川平《かびら》のデンガバリ、ナータバリ、フガダバリ、伊原間《いばるま》のナーバリ、白保《しらほ》のイシマタバリ、ソージィバリ、ナーダバリ、ナカバリ、マンナバリなどがある。参考までに、川平には、ほかに田地ではないものの、アイバリ、イセーラバリ、ウイヌバリ、ウラバリ、スムバリなどバリのつく地名がある。田地についていえば、田地として利用され、「バリ」のつく所は、たいてい山裾の谷（または、くぼ地）となっている所をさしており、そこには、山からの湧き水などがあり、田地として好適な場所でもある。田地名に「バリ」がついているのは、もともとバリであった所を田地として利用するようになり、それが、田地名としても使われるようになったものと考えられる。

「～バリ」と名のつく田地は、前記のように各地にあり、なかでも、白保のカラ岳の北方から西方一帯にかけて見られるバリは特徴的である。バリ（割れ）との関連でいえば、市街地の後方に位置するバンナーヤマ（バンナー山）の「バン」についても、やはりバリ（割れ）の意があるものとみられる。ついでにいえば、「ナー」には、「川、小川、小さい、長い、井戸」などの意があり、ここでの「ナー」は「小川」を意味しているものとみられる（→52）。つまり、バンナーという語は、「バン」と「ナー」の複合語で、語義としては「割れから流れ出る小川」で、それが、山の名としても使われるようになったと考えられる。

バンナーという地名は、バンナーヤマの山麓一帯をもさしており、小字名として「バンナ」、「番名」などと残っているほか、それに類する地名として、先のバンナーバリや白保のパンナームリィ（岡の名）、伊原間のバンナー（山の名）、フタナカバンナー（川の名）新川のハンナーカー（水溜まりの名）などがある。「バンナー」または、「パンナー」については、「ハンナー主」（石垣親雲上信明・17世紀に活躍した実在の人物）と結びつけた伝承などがあるものの、それは、音が似ているところから、後世になって語られるようになったもののようである。


（松村　順一）

47　名称は似るも地形は別もの　【トー原とドー原】

第二尚氏の中葉以後、首里王府から薩摩の山川湊までの道行きを謡った「上《ヌブ》り《イ》口説《クドゥチ》」の二節に、「袖に降る露押し払い　大道松原《ウフドーまちばら》歩み行く　行きば八幡崇元寺《スーギンジ》」とあるウフドー松原。わずかに在りし日の名残をとどめていた松並の残影も、80年ほど前に愚かな戦争準備のため、ことごとく消された。また、戦後の急激な都市化の波によって、いま松原の場所をうかがい知る縁《よすが》も少ないが、ウフドー原のハル名が残ったことで、場所と往時の秀麗な松並木をしのぶことができる。

ウフドー原は、大道《だいどう》郵便局の辺りから字真嘉比《まかび》に向かう市道一帯のハル名で、上（北）の方で〝弓なりに撓《た》わんだ地形〟──いわゆる〝穹窿状《きゅうりゅう》の地形〟をなしている。ドーの付く原名を『沖縄県市町村別大字・小字名集』（県土地調査事務局編）に拾うと、先島を除いた沖縄本島と周辺離島で108を数える。

ウシチャ堂原にできた大宜味村の押川《おしかわ》集落、北谷町砂辺《すなべ》の大道原《うふどう》、西原町幸地谷那堂原《こうちたんなどう》、旧知念村（南城市）久手堅《くでけん》の斎場御嶽《セーファーウタキ》入り口にある長堂原《ながどう》、豊見城市長堂《ながどう》の長堂原、いずれも地相・地形語「ドー」のいう〝穹窿状の地形〟である。ただ那覇港のある旧通堂《とんどう》町の「トゥンドー」は、マライ語の〝堤・岸〟の地形語トンダからの変化と考えられ、大航海時代に南米からもたらされたものか。

一方、トー原のトーは一般的に〝桃〟や〝当〟が当て字されている。先述の『小字名集』にドー原と同じ条件でトー原を拾うと77を数え上げることができる。沖縄本島を北部（国頭）、中部（中頭）、南部（那覇を含む島尻）に分けてみると、北部が13、中部32、南部28となる。

「トー原」とは、〝平坦地〟を指す中琉球方言である。沖縄島や周辺離島の狭小な地理的、地形的条件から、ドー地名よりトー地名が少なく、また山原と呼ばれる北部地域はトー地名が極端に少なく、比較して中・南部が農業に適した平坦地に富んでいることが分かる。

〝若さひと時の通ひ路の空や　闇のさくひらも車たう原〟（早作田節）＝若い時、恋人のもとに通う道は、闇夜の急坂であっても平坦な道のごときもので、何の苦にもならない、という意。


（久手堅　憲夫）

48　『古事記』にも出てくる地名　【ヒラ・坂】

与那《ゆな》節の一種に、〃与那の高ひらや汗はてど登る　無蔵《ンゾ》つれてやれば一足だいもの〃（与那の高いひらは険しく苦しい登りだが、あなたと連れだつと一足の感じだ）がある。琉歌によく詠みこまれた与那の高ヒラは、古典音楽や琉歌を愛でる人の間では、つとに名高い。沖縄島は、その地理的条件からヒラ地名が無数にある。

私の生まれ育った首里の地も起伏が激しく、多くのヒラ地名が残されている。〃識名坂《シチナンダビラ》の遺念火《イネンビ》〃で沖縄芝居にも組まれたシチナンダビラは、いま石畳で有名になった金城ビラを下り、名勝識名園への途次の松並の綺麗な中を登る坂だった。首里のヒラ地名を思いつくままに列記をしても、アマグイビラ、カーミヌヒラ、カミシマシビラ、アダニガービラ、クバガービラなど大きなものだけで十指を下らない。

琉球の政治家・羽地朝秀《はねじちょうしゅう》以後、首里は各ムラ（現在の町）を三平等（ミヒラ）に分けた上級支配機構がつくられ、首里三平等と通称されていた。首里台地の地形は東高西低になっていて、この平等も、坂の義に由来する由である。一般的に地名標記の借字ほど、当てにならないものはないが、そのなかで、平等は別で、「平」の字義に〃角ばらない〃があり、

「等」の字義に「階」（キザハシ）がある。すなわちこの平等は、〝角ばらない階段〟すなわち坂を表わし、まことにもって見事な当て字である。

国学四大人の一人である本居宣長は、『古事記』の黄泉の国神話の〝よもつひらさか〟の解釈で、琉球に残る地名ヒラを資して坂の義と解いたのは、皆さんもご存知の通りである。「ヒラ」は元来登りを指し、下りを「サカ（坂）」といったもので、首里で下りを指すに、わざわざ「ウリビラ」と断っている。『南島風土記』（東恩納寛惇）も、「慣用に従ふと、同一の傾斜地に対して上から云へばサカ、下から云へばヒラとなる」としている。

このヒラ地名、山梨、静岡、長野、岐阜、鳥取、島根、青森、岩手、山形、新潟、群馬、広島、大分、鹿児島、熊本あたりにも残っていて、山の中腹、山の傾斜地などを指し、また崖を指す地域もある。琵琶湖湖畔の比良山も、このヒラと同義とされている。『沖縄一千年史』（真境名安興）のなかで、「肥後の五箇荘から五木辺りにかけて坂のことをヒラというそうで、（中略）特に西方、日の余計に当る所にいう」と述べていて、あたかも首里の地形をいい当てているかのような感がある。このヒラ地名、崖をいう土地もあるとなれば、縄文時代語や朝鮮語のピラ（崖）に遡《そ》行する程に古い言葉かも――。一般的に難解な地名ほど、付与年代は古いといえる。地名を大切にしたい。

（久手堅　憲夫）

49　小盆地の谷地地名　【幸地と垣】

両側の山地が迫った、いわゆる狭谷《きょうこく》（深くきりたった細長い谷）を「サコ」あるいは「サク」（→45）と言っている。迫、作、佐久などの当て字がある。こうした狭谷地形が下流になると田畠にできる小盆地状の谷地が現れてくる。このような地形を河（川）内といい、この河内が音韻変化してカッチ、カチ、コウチと言われるようになった。

旧久志《くし》村（名護市）嘉陽《かよう》には山田ガッチ、中ガッチ、アミゾガッチがある。「カチ」は奄美諸島では「勝」と当て字され、山沿いに数多く分布している。最近この「勝」を「カツ」と発音する人が居る。沖縄では「垣」と当て字されていて、字に引き廻されて「カキ」と呼称するようになった。

コウチは「幸地」と当て字されているが、「川内」からの変化であることは、かの『琉球国由来記』（1713年）中の知念間切（間切は現在の市町村）年中祭祀「知念城内《ぐすくうち》之殿」巻13－323）のところの記事で明らかとなる。記事の中に左のような文がある。

「知念村ニ、有一田。内川ト云。故ニ、根人モ川内ト名ヅク。然ニ、今誤テ、幸地ト云」。

※文中の内川は明らかに川内の書き違いである。この水田は現存し、コウチと呼称され、

水芋田となっている。(根人とは古代の世襲的村落共同体の首長であった。奄美ではグジ主と言っている。)

幸地が河盆地状をなしている地形であることは、西原町字幸地が模式的であろう。県内に小字名(原名・ハルナー)として次のような「垣」となっているもの、幸地名などが見当たる。

■垣地名の小字

瀬良垣《せらがき》原(恩納村瀬良垣)、石垣《いしがき》原(今帰仁村勢理客《せりきやく》)、山垣《せんがき》原(豊見城市長堂《ながどう》)、垣花《かきのはな》(南城市)、新垣《あらかち》原(南城市嶺井)、大垣《うふがち》原・山垣《やまがち》原(南風原町津嘉山《つかざん》)、新垣《あらかき》原(南風原町山川)、村垣《むらがき》(宮古島市比嘉)、中垣《なかがき》(石垣市大川)、その他略。

※垣地名には崖から変化したものも見られる。玉城村の垣花、中城村の新垣など。

■幸地名小字

幸地原=名護市名護・喜瀬《きせ》・幸喜《こうき》、国頭村伊地《いじ》・比地《ひじ》・辺土名《へんとな》・安田《あだ》・安波《あは》、恩納村富《ふ》着《ちゃく》・仲泊、金武町金武、西原町幸地、糸満市小波蔵、座間味村阿嘉、伊平屋村前泊、今帰仁村崎山。※高知県高知も幸地と同一地形からの地名という。

(仲松　弥秀)

50 ハンタから生まれた新しい地名 【坂田】

西原町字翁長《おなが》の県道29号と同38号が交差する付近、いわゆる上翁長地域は、近年、「坂《さか》田《た》」と通称名で呼ばれている。その「坂田」名称は何に由来するのだろうか。

「坂田」名がはじめて登場するのは、1946（昭和21）年に開校した「坂田初等学校」（現坂田小学校）であり、学校が立地した土地の小字名「ハンタマシ」（坂田升）の漢字表記から「坂田」を学校名に採用し、読みを「さかた」としたことに始まる。そして、1974（昭和49）年、字翁長から字幸地《こうち》にかけての丘陵地、神嘗毛《かんのみもー》に造成された住宅団地名に「坂田」が採用されたことによって、坂田名が上翁長地域の通称名として一般化するきっかけとなった。1980年代半ばごろから坂田交差点を中心に県道38号沿線には銀行（支店）やスーパー、ファーストフード店、コンビニ店、その他各種専門店など多くの事業所が立地するようになり、「坂田」名は地域に定着していった。

ところで、「坂田」の語源となった「ハンタマシ」はどんな意味をもつのだろうか。「ハンタマシ」のハンタは「はた」（端）が変化したもので「はし、はしっこ、崖または崖のふち」の意味であり、マシは「田の枚数を数えるときの接尾辞」、転じて耕地のこと。したがって、ハンタマシは「端または崖付近の耕地」と理解できる。

ハンタに由来する地名は、国頭村宜名真《ぎなま》の茅打《かやうち》バンタ、大宜味村喜如嘉《きじょか》のイラブチバンタ、今帰仁村兼次《かねし》の兼次《はにいし》バンタ、名護市勝山の我謝如古《がじゃぬく》バンタ、豊見城市嘉数の嘉数《かかず》バンタ、旧具志頭村（八重瀬町）安里の慶座《ぎいざ》バンタなど崖の地名として県内各地に広く分布する。原名（小字名）にも多く「兼久」や「桃原」とともに地形や地質などに由来する地名としては最も多い地名の一つである。沖縄本島および周辺離島に分布するが、特に、旧具志川市（うるま市）、読谷村、中城村、糸満市など丘陵地や石灰岩台地が発達する本島中南部に多い。

ハンタから生まれた「坂田」は、本来の意味とはまったく異なった地名となり、今ではすっかり地域に定着している。朝夕のテレビ・ラジオの交通情報で「坂田交差点」の混雑の様子が報じられ、また、タクシー運転手に「坂田まで」と、行く先を告げるとすぐに理解することからも、「坂田」は広く県内の人々に認知されているのではないか。

（久高　将清）

51　川でない川《カー》　【井泉由来地名】

県内には繁多川《はんたがわ》、松川《まつがわ》、寒川《さむかわ》、山川《やまがわ》、壺川《つぼがわ》などのように、川ではないのに川の字のつく地名が多い。県下の字名の中で川の字のつくのを拾ってみると、ざっと32カ所ほどあり、小字まで数えると百に達するかもしれぬ。そしていずれもその名の川はない。

沖縄方言では流れる川を「カーラ」といい、生活用水の水源となる井泉を「カー」という。生活用水でない田畑に用いるような湧水をンズミ（泉）又はワク（湧）という。水は命の源であるから昔のカーには必ず神を祀る拝所がついている。カーは続き音になるとガーになる。

本島中南部や宮古島のような琉球石灰岩地域では、その下層である泥岩層（クチャ）と、上層である石灰岩層との境目にあたる所に湧水が多い。すなわち崖っぷちの下や海岸に泉が多い。方言で崖っぷちのことを「ハンタ」という。ハンタの下にカーがあるからハンタガーといった。それに漢字を当てたのが繁多川、又は半田川（小字名）である。現在は字訓に従って「ハンタガワ」とよんでいるが、もともとはハンタガーであった。那覇の繁多川には数カ所ハンタの下の井泉があり、いずれも水がきれいで、年中水温がほぼ一定しているので、昔はもやし（マーミナー）の産地として知られた。壺川は壺づくりにかかわりのある井泉があったのだろうか。カーに由来する地名は、いずれも川の字を当ててあるが、旧仲里村（久米島町）字宇江城《うえぐすく》にあるのは堂井（ドーガー）としてある。

～ガーを～ジャーと発音されることもある。大井川（ウフンジャー・今帰仁村）、登川（ヌブンジャー・沖縄市）などがそれで、井泉の水の出口を樋《とい》掛けにしてある所は樋川（ヒージャー）という（↓53）。開南《かいなん》せせらぎ通りの水は汪樋川（オウヒージャー）から引いている。今帰仁村運天《うんてん》港の北側海岸にはクンジャー原という小字がある。ここは昔、沖に泊まった山原《やんばる》船《せん》からテンマ船で水汲みに来た浅い井泉があったという。汲み井という意味でクンジャーと名付けられたのではないだろうか。糸満中学校の後方、報得《むくえ》川（ムクイガー）の川畔には、船の用水をとったティンマガーがあったという。

～ガーというのは井泉のカーばかりでなく、流れる河川の方の名称も久茂地《くもじ》川、安謝《あじゃ》川、比謝《ひじゃ》川、安波《あは》川などのように、「～ガー」となっているので区別がややこしくなることもあるだろう。それだから繁多川という川があるかのように勘違いする人も出るのである。

本土にも川ではないが川の字のつく地名がある。糸魚川市（新潟県）、旭川市（北海道）、市川市（千葉県）などで、そう多くはないようで、由来はそれぞれ異なるらしい。（宮城　幸吉）

52　地下水が湧き出る泉　【八重山の「ナー」】

サンゴ礁台地の石垣島には、島内のいたる所に「ナー」の付く地名がある。
「アカキナー」「アブナー（阿武名）」「シィーナー」「ダジナー」「タフナー」「バギナー（湧名）」「パチナー」「バンナー（番名）」「ペーギナー」「フーシナー（黒石川）」「ブイナー（武名）」「ブナー（武那）」「マニシキナー」「マンナー（真武名）」「ミジュナー（水名）」等々である。そして、それらの多くには、「名」「川」「那」の字が当てられている。

市街地にあっては、「フーガ・ナー（大川井戸）」「アミスク・ナー（甘底井戸）」等があり、古い井戸を称している。また、市街地の後方には「フノー」と称する真地（マージィ）と長間（ナーマ）との間に設けられた大きな水路がある。これは「フナーシード」単に「シード（道）」とも称されている。

方言学者の宮良當壮は、「ナーはガ（ガハ）の転なるべし」（『八重山語彙』）と称している。方言学で見ると八重山の「ガ行音」は「ナ行音」に変わる（睫毛《まつげ》↓マチィニ、髭《ひげ》↓ピィニ）傾向がある。

ところで、石垣島地方の「ナー」は、地下水が自然に地表にわき出る泉を指しており、小川をなしている。その周辺には、大浜層と琉球石灰岩とその下部の不透水層の間隙に水が蓄えられたアブ（ドリーネ）も見られる。

宮良集落を例にみると、村の周辺には「タフナー」「タナー」等の苗代田があり、「マシクナー」（別名マニシキナー）は轟川の上流の支流をなし、「ナカバンナー」は宮良川河口の海の降り口にあって村人の喉をうるおしていた。「アダドゥナー」は村人の信仰の対象となって、旧正月の「初祈願」、6月の「世願い」、8・9月の「新水の日」の年三度の祈願がなされ水聖地となっている。

白保を流れる轟川の周辺にも幾つかの「バギナー」（湧泉・湧井）が点在している。轟川の上流域は二筋に分かれており、その南方の川筋（ブーナーカーラ）の「マニシキナー」は、土地改良事業によって埋められ排水溝に潜ってしまったが、北方の川筋（ウロンカーラ）の「バギナー」は今なお清水をたたえている。轟川の再生が望まれる。

「パギナー」は水源をなして、いかなる干ばつにあっても夏は冷水を流し、冬は温水を流しつづけて流域の水田に恵みを与えてくれる。

（石垣　繁）

53　樋《とい》が掛けられている井泉　【ヒージャー】

沖縄の島々の主要な地形に琉球石灰岩台地がある。琉球石灰岩は透水層であることから、その台地には豊富な地下水が貯えられており、湧泉が数多く分布している。地下水は同石灰岩の下にある難透水性基盤岩に達するとその表面（不整合面）を流れて鍾乳洞をつくり、台地周辺の崖で湧き出す。すなわち、湧泉とは地下水が自然の状態で地表に現れた場所であり、また湧き出ている地下水をさす。一方、鍾乳洞の天井が崩落して生じた陥没ドリーネの中に地下水が流れているとそこも湧泉であり、洞穴泉に分類される。

湧泉は一般にカーというが、ヒージャーとかヒージャーガーと呼ばれるのもある。普通のカーは崖下から湧き出る水を地面に掘った貯水槽に溜めて使用する形態が多い。南山王他魯毎《たるみい》が中山王尚巴志の持つ金屛風と交換したという逸話が残る糸満市大里の嘉手志川《かでしがー》や本部町具志堅のフプハー（ウフガー）などは好例である。

ヒージャーは湧出口に樋《とい》を掛けて水を落としている湧泉で、樋川の字を当てることが多い。ヒージャーは崖の途中に懸かる湧泉＝崖泉に多く見られる。崖泉は、湧出量が多いときには勢いよく水を噴き出すが、湧出量が減ると水は崖面に貼り付いて流れ落ちる。そこで樋を掛けて水を集めると、水量に左右されず効率的に水を汲むことができるものと考えられる。もちろん、ヒージャーでも一時に多くの人が使用できるよう、樋の下に水槽を設けている例は多い。

ヒージャーの名のつく湧泉は沖縄本島北部から南部に広く分布しているが、とくに那覇市に多いようだ。かつての王都首里には瑞泉《ずいせん》（龍樋《りゅうひ》）をはじめ宝口《たからぐち》樋川（儀保《ぎぼ》町）、金城《かなぐすく》大《うふ》樋川（金城町）、寒水《すんがー》樋川（寒川町）など11を数える。市域中心部に位置する樋川は城岳麓の汪《おう》樋川に由来する地名である。また山下町の落平《うていんだ》や天久《あめく》の崎《さち》ヒージャーもよく知られているヒージャーである。

ヒージャーの分布する崖は段丘崖や河岸、断層崖などである。首里のヒージャーはこのような崖に分布しているのである。一方、沖縄島中南部には琉球石灰岩を冠層とするメサと呼ばれるテーブル状の台地が多い。メサの周りは崖に囲まれ、琉球石灰岩と基盤である島尻層群の不整合面が露出することから湧泉が多い。南城市にひろがる知念台地は県下最大のメサであり、環境省の全国名水百選の一つに選ばれた垣花《かきのはな》樋川をはじめ仲村渠《なかんだかり》樋川や糸数《いとかず》樋川が分布している。

ところで、金城大樋川や宜野湾市真志喜《ましき》のムンヌカー（森の川）は崖下の湧泉であり、特に樋を掛ける必要はなさそうである。にもかかわらず樋を掛けているのは、湧泉整備の一つのデザインとも考えられる。
永く人々の生命をつなぎ、産業を支えてきたヒージャーも現在では形骸化が目立っている。うりずんの頃に訪れた宝口樋川は欠けた樋に置かれた一枚のアコウの葉からわずかな水が流れ落ちていた。宝口樋川は、都市部における水環境悪化の象徴であろう。

（上原　冨二男）

V　海岸・海地名

周りを海で囲われた島々からなる琉球弧には、海岸や海にまつわる地名が数多くある。本章では、海辺に特徴的な地名について、人々との交渉の歴史からひもとく。

宮古島の八重干瀬

54　海浜地名「ユナ」　【与那覇・与那原】

　ここ琉球弧の海浜には、日本列島弧の他の海浜域では余り目につかない、特徴的な地名が分布している。

　ジャ音のつく、ジャジチ（謝敷）、マジャ（真謝・真喜屋）、ジァー（座安）などの地名や、カニク（兼久）のつく、ポーガニク（大兼久）やメェーガニク（前兼久）などであり、本項で採り上げる、ユナバル（与那原）などのユナ系地名もその一つといえるであろう。

　ユナ系地名には、国頭村の字ユナ（与那）、豊見城市の字ユニ（与根）、南風原町の字ユナファ（与那覇）などがある。ユナ系地名で、地名の持つ拡大する性格を、最も顕著にしたのがユナバルで、一つの地相地名が今日の自治体地名にまで広がったのは、ユナ系ではユナバル（与那原町）だけである。このユナバルは、第一尚氏、第二尚氏時代を経て、１９４９（昭和24）年、独立した自治体として町制を敷くまで、上《ウィー》与那原村、大見武村《ウコンチャキムラ》などと共に、大里間切の与那原村と呼ばれ、日本治政下に入っても旧大里村（南城市）の一つの字として存立していた地域であった。この地ユナバルは、第二尚氏時代の最高の神官聞得大君の御《お》新下《あらおり》の儀式に関わる祭祀場――浜ノ御殿やウェーガー（親川）などがあり、浜ノ御仮屋も設けられ、ユナバルの浜では、ナデルワノ御セジノ御崇がなされたものである。

このユナバルはまた、沖縄島東海岸や奄美あたりの諸産物（建築資材としての材木や篠竹、薪炭など）の集散地として古くから賑わい、1914（大正3）年11月、県営鉄道与那原線が開通するに及んで、ますます東海岸の中核地としての比重を増していった。

終着駅の与那原からほど遠からぬ場所に、沖縄製糖の西原工場もあったが、中城《なかぐすく》湾は、旧日本海軍の投錨地であり、旧知念村（南城市）のスクナ森一帯は、海軍の要塞でもあって、〝県鉄の敷設は、必ずしも経済効果の波及や農村の賑興を企図したものではなかった〟との説もある。

一方では、馬車軌道会社が設置され、県鉄与那原線に連結するように、1916（大正5）年、与那原〜泡瀬間の馬車軌道が開通し、旅客や農産物を運んだ。窯業《ようぎょう》も盛んで、戦前は主として屋根の赤瓦を製造していたが、世の変遷につれて、現在は赤煉瓦と植木鉢が主体となった。しかしその伝統の技が生かされ、首里城正殿復元用の赤瓦の製造を担った。

また伝統行事の与那原大綱引きは、糸満の大綱引きと共に名高い。

ユナバルの浜は、戦前は、それは見事な白砂の汀《なぎさ》が弧を描いて長く続き、首里あたりまでかけての、小学校から中学校（旧制）、師範学校などの海水浴場で、夏場は連日にぎわった。

ところで、海浜に立地するユナ系の地名は、いずれも白砂と共にある。際立っているのは、国頭村のユナ（与那）で、最も海砂の寄り付く条件から、ユナと付与されたとみられるが、1960（昭和35）年5月23日に起きた、チリ地震による津波は、翌24日には太平洋を越えて沖縄まで襲来し、そのもたらした海砂によって与那川は河口が塞がれ、ユナの集落内まで海砂が侵入した。

ユナ（共通語ヨナ）とは、砂を指す基層地名で、国頭村の与那はまさに砂の寄りつく所であり、ユナバル（与那原）も、美しい白砂の果てしなく続く〝砂原〟の義であった。

しかしユナグシク（与那城）は、海浜に立地した地名ではなく、丘陵上にあるところから、揺り上げ地をいうユラからユナへの変遷地名であろうとみられる。またユナグニ（与那国）も砂とは関係なく、土地の方言で〝四つのくに〟を指す、〝ドゥナン〟を共通語読みにしてヨナグニとし、与那国を当てたものであろうとみる。

（久手堅　憲大）

55　砂地の地名・兼久《かねく》　【カニク】

砂地のことを方言ではシナヂー、またはカニク地《ヂー》と言っている。「カニク」には「兼久」の漢字を当てている。鹿児島県の大島郡では、金宮・金久を当てていることが多い。『南島風土記』（東恩納寛惇）には我如古（ガニク）も同義であるとしてある。砂地は、そこに地名（固有名）が付いてなくとも、しばしば兼久（一般名）と呼ばれている。カニク地は海岸の沖積地で、イーフ（↓57）とも相通ずるのであるが、イーフは赤土の場合もあることが異なる点である。カニク地は平地で、交通によく、耕作もしやすいので、集落の立地や耕地となっている。しかし保水力が弱く、干ばつが続けば真っ先に被害を受ける弱点もある。海岸の平地になっているので、古代人が上陸し、定住した地でもあって、遺跡が発掘されることもある。徳之島伊仙《いせん》町の海岸砂丘の背後にある喜念《きねん》貝塚もその一つである。昔は浜のことや馬場(ウマウィー)をカニクということもあった。名護なまりで有名なナグポーガニクは名護の大兼久《おおがねく》で、現在の名護大通りを中心とする北部最大の繁華街地域である。昔ここに大きな馬場があったとのことである。旧羽地村（名護市）の真喜屋《まきや》や稲嶺《いなみね》にあった馬場もカニクと言っていたようである。

字名《あざ》の兼久は、旧佐敷町（南城市）、西原町、徳之島の天城町《あまぎ》にあり、小字名には極めて多数の兼久がある。次に東兼久（アガリガニク）、西兼久（イリガニク）、大兼久などが多く、集落の後方にあるのは後兼久（クシガニク）、前方に位置するのは前兼久（メーガニク）で、恩納村には字前兼久があり、名護市ではクシガニクとシリガニクがあるが、いずれも漢字は後兼久である。恩納村には志利兼久もある。

上兼久（ウィーガニク）や大兼久はしばしば見られるが、これに対する下兼久（シチャガニク）・小兼久（クガニク）や中兼久は稀《まれ》である。数少ないものに、泊兼久（トゥマイガニク）、白兼久（シラガニク）、前之浜兼久（メーヌパマガニク）、読谷村字儀間《ぎま》の二重兼久（ニジュウガニク）などがあり、旧仲里村字真謝《まじゃ》と宇根《うね》にはシタルガニクがあるが、シタルの意味は不明である。

ジャ（謝）も砂地を表す語であるという。我謝（ガジャ）、真謝（マジャ）、銭田（ジンジャ）や伊平屋村の我喜屋《がきや》（ガンジャ）はいずれも砂地である。西原町の兼久は我謝から分立したので、ガジャガニクと同義併称されることもある。

集落の併合や後代の地名変更などで消滅した兼久も多い。那覇市久茂地《くもじ》には戦前まで内兼久山があった。

（宮城　幸吉）

56　奄美の「カニク」地名のルーツ　【金久】

旧版『地名を歩く』が刊行された1991年時点では、科学的地名学者・鏡味完二の『地名の語源』の中に「『カネク』沖縄で海浜」とだけあって、そのルーツも命名時代も書いていなかった。また渡来語に詳しい山中襄太の『地名語源事典』には、「琉球の兼久はもと砂原」となっている。これらは鏡味完二の伝播説、即ち地名は移動するものでなく伝播し、その足跡を残すという原理によるが、氏はいまだ兼久については研究途上だったようで、ルーツも年代も記してない。

紀元前30世紀のエジプトでは、ナイル川の洪水、氾濫が農業にとって不可欠であり、氾濫水のひいたあとの河岸泥地が農地になっていた。その河岸農地を古代エジプト語では「シャ」といったが、古代中国ではこれを「沙」「者」の漢字で表記していた。

それは日本に来て何となったのか？　諸橋轍次著『廣漢和辞典』中巻の「瀬」の項を見ると、「瀬ハ湍（はやせ）也」とか、「瀬を怒らし激波を揚ぐ」と古漢書にあり、現在の日本語の〝砂石の上に浅い水のせせらぎ〟とは随分感じが違うように思うが、数千年の歴史を考えればあながち否定もできまい。私は、エジプト語の「シャ」、古代中国の「沙」「者」

は、日本語の「瀬〈セ〉」（奄美では「瀬」〈スィ〉）に該当すると思う。

奄美の瀬名〈シナ〉地区（竜郷町大勝・中勝・戸口）や名瀬〈ナゼ〉など、「瀬」のつく地名はほとんどが、川の氾濫、山崩れ、崖崩れで、土砂礫を運んでできた沖積地である。

金久、兼久地名はいつ頃命名されたか、瀬戸内町の嘉徳〈カディク〉という集落に嘉徳遺跡があり、戦後発掘したら、3400年前という数字が出た。もちろんそれ以前から呼ばれていたと思うが、人間が定住し、集団生活して初めて地名は命名されるから、この数字は信頼できると思う。「カディク」の意味だが、「カ」は接頭語、「ディク」は浜砂地。海中のサンゴ礁が風波にもまれ、砕かれ、海岸に打ち上げられてできた浜砂地。カディクがカネクに、またサデクがサネクに音韻変化したと考えられる。金久、兼久は、奄美では最も多い集落地名で、北はトカラの宝島から南は沖縄の竹富町黒島まであるが、奄美諸島195（喜界島15、奄美大島136、徳之島30、沖永良部島10、与論島4）で、沖縄県合計63（沖縄本島北部31、沖縄本島中南部19、沖縄本島周辺離島9、宮古諸島0、八重山諸島4）である（『角川地名大辞典』より牧野調べ）。どうして奄美より沖縄が少ないかというと、登記されていない小字より小さい原名というのが小字の数倍あるからである。いわゆる琉球処分（明治13年）で既に小字を合併しているわけである。


（牧野 哲郎）

57　流されて溜まった土砂　【イーフ】

方言でイーフというのは、大雨の後などに流水によって運ばれてきて溜まった土砂のことである。これが田畑に積もっては作物を枯死させるので、農家にとっては実にやっかいな遺留物である。しかし時には腐植土や肥えた表土などが運ばれて来て喜ばれることもある。蔡温《さいおん》（具志頭親方）の『農務帳』（1734年）に「いふ返し」による土壌保全についての記述がある。河川によって出来る中洲や沿岸の沖積地はこれの大規模のものということになる。世界の大河川の流域に出来た大沖積地は古代文明の発祥地になっている。

地名や人名には「伊保」という漢字を当てている。金武町金武に伊保原《いほばる》があるが、現在は軍基地内に入っている。読谷村字比謝《ひじゃ》には伊保堂原があり、いずれも小谷間と台地からなり、おそらく谷間谷間に昔はしばしばイーフが溜まったのであろう。旧具志頭村（八重瀬町）字玻名城《はなしろ》には伊保田原がある。水田にイーフがしばしば入ったのであろう。

イーフは陸地の流水によって生じたものばかりでなく、海岸で波によって打ち上げられた海砂の積もった所にも名づけられたようである。久米島のイーフビーチのあるイーフ、旧佐敷町（南城市）の仲伊保（ナケーフ）や西原町字小那覇《おなは》の海岸にも仲伊保があり、那覇空港滑走路の北西岸で海に面した所も小字名は伊保原である。地籍は字鏡水《かがみず》と大嶺《おおみね》に分かれているが、地続きの一つの小字名である。これら海岸に面したイーフ地は、汀線《ていせん》より高くなり浜堤《ひんてい》をなしていたようであるが、近くに耕作地が広がり、また人家が多くなるにつれて浜堤はくずれて、ほとんど平坦になっているが、久米島のイーフや佐敷の仲伊保にはその跡形はみられる。

糸満の北側、与根《よね》との境近くの干潟に、イーフという小島があった。これも海砂が打ち寄せられて出来たイーフである。戦後は土木建築用の砂採取地となっていたが、現在は埋立地に包含されて、島の痕跡も残っていない。

宮城真治著『沖縄地名考』（1988）に「羽地大川の中流に新伊保という所がある。洪水のために新しく出来た伊保である」とある。

以上の外、河岸や海岸に小地域の地名としてイーフが所々にあるようである。イーフが溜まるということは、福が溜まるということに因んだかどうかは知らないが、読谷村字長浜《ながはま》にはイーフという屋号、中城村には名字を伊保としたのがある。

（宮城　幸吉）

58　石になった浜　【板干瀬】

大宜味村喜如嘉《きじょか》に「板敷《いたじき》海岸」という地名がある。そこには、地名そのままに渚に沿って整然と板を敷きつめたかに見える帯状の岩がある。その岩は県指定の天然記念物である。サンゴ礁地域の海岸で見かけるこのような地形をビーチロック（汀砂礫岩《ていされきがん》）というが、沖縄の先人たちはこれに「板干瀬（イタビシ）」という呼び名を与えた。直截的で美しい一般名を授けただけではない。たとえば国頭村謝敷の海岸にある板干瀬を、歌人は笑《え》みを湛たたえた乙女子《おとめご》の、口元からこぼれるきれいな歯並に喩《たと》えて、つぎのように謡わずにはおかなかった。

謝敷《じゃしち》板干瀬に／打ちゃい引く波の／謝敷女童《みやらび》の目《み》笑われ歯ぐち

この琉歌「謝敷節」にふれて、伊波普猷は「干瀬と干瀬を謡った文学」（1926）の中で次のように記している。「国頭村の支那海に面する所に、謝敷といふ寒村があるが、其処を沖に数町離れて、小一里もある細長いヒシが横はつてゐる。之を謝敷板干瀬といつてゐる。数年前、私は独木舟《さばね》に乗つて、其の沖を航したことがある……」（『伊波普猷全集』第九巻、平凡社／ただし傍点は引用者による）。謝敷板干瀬は数町（数百メートル）沖に位置するのではなく、国道58号沿いの砂浜（汀線《ていせん》）に横たわっているのである。

板干瀬と干瀬とはどんな関係にあるのか。板干瀬は板状の「干瀬（ヒシ）」なのだろうか。琉球語の「干瀬」は一般にサンゴ礁を意味する。内側にイノーを抱えて沖合に横たわる岩盤（前方礁原、いわゆる「リーフ」）を指すだけではない。干瀬は汀線付近から海側に広がる岩場（後方礁原）でもある。しかし板干瀬は、そのようなごく普通に見られる干瀬とは異なって、板状の岩が何枚か重なり合っていて、それが海の方にわずかに傾斜している。しかも、その岩はよく観察すると周囲の浜と同じ砂や礫《れき》が固まってできていることがわかる。板干瀬は、言ってみれば〝石になった浜〟なのである。

このように板干瀬は干瀬とは別ものであり、人々は「板」の一字をもって両者を明確に呼び分けてきたといえる。だから「板」は、この場合、同一カテゴリー内のわずかな違いを表す修飾語ではなく、カテゴリー間を類別（分類）する決定的な役割を担っている。

ちなみに、沖縄で「板干瀬」と呼ばれている地形は、奄美大島では「イタイシ」「スナイシ」、与論島では「イチャジキ（板敷）」、本部町備瀬では「ピレーク」の名で親しまれている。

民俗の眼の確かさ――それは干瀬や板干瀬を包摂するサンゴ礁の自然との実体的なかかわりにおいて保証されている、といえよう。サンゴ礁の岩盤（干瀬）を叩いて石を取り出すことは並大抵のことではないだろう。これに対して、板干瀬は比較的容易に剥離《はくり》できる。人々は、その板干瀬を切り出して畜舎の壁、家の囲い、あるいは墓の材料として、日常的な生活に、そして非日常的な場面にも役立ててきたのである。木材でいえば、まさしく「板」のように。

（渡久地　健）

59　海の出入り口の澪《みお》・津口　【ヌー】

『おもろさうし』に「くたかのみお」「こまかのみお」と出ている（巻10－650）。みお（澪）は「河・海の中で、船の通行に適する底深い水路」と『広辞苑』にある。「くだかのみお」も「こまかのみお」も中城湾の入り口から港川《みなとがわ》まで連なる知念ウフビシの沖からイノーへ入る水路で、方言で「クダカヌー」「コマカヌー」と言っている。旧玉城村（南城市）百名《ひゃくな》海岸の「ヤハラヂカサ」の前面には「アチヌー」「ジマイヌー」が開けている。沖縄の古代文明は各地の干瀬（裾礁）に開かれたヌーグチから入ってきたと考えられる。

陸の地名にもヌーの語源をもつものが多い。豊見城市の饒波《のは》（ヌファ）は国場川の支流が豊見城城跡の下で分かれ溝原《みぞばる》まで深く入りこんだところにある。大宜味村の饒波《ぬうは》川の谷底低地に立地する饒波《ぬうは》がある。また本部町の伊野波も「ヌーファ」の当て字で、満名《まんな》川の川岸に位置する集落である。旧与那城村（うるま市）の饒辺（ヌヘン）も勝連半島と藪地《やぶち》島との間の屋慶名《やけな》海峡の南岸にあり、この付近にある拝川を「ヌーウガン」といっている。海峡の深い水路もヌーである。ヌーの付く地名は水路と深いかかわりがある。

激浪の外海とサンゴ礁に守られたイノーとをつなぐ重要な出入り口のヌー（澪）はまた津口とも呼ばれ、古くは沖縄各地の按司割拠時代の唐船の入る津口（↓60）でもあった。海のかなたから多くの外来文化を持ちこんだのもヌーであるが、また悪疫、邪霊もこのヌーから入りこむという信仰もある。

那覇港も国場《こくば》川の津口であるこの防備のために造られた「やらざもりぐすく」があった、その古い碑文の中に「まうはらて、みよはらて」ということが書かれている。「みよはらい」は「ヌーバレー」と解せられる。今でも沖縄本島南部に「ヌーバレ」の行事が残っていて、

「ヌーハライ（祓い）」の祈願がこめられる。

豊漁祈願の「海御願」もフーチゲーシ（編集注:風気返し＝邪気払い）の「浜御願」もヌーへ向かって拝んでいる。ヌー（澪）はイノーに生活圏を持つ人たちにとって、神聖なる関門である。

（新垣　源勇）

60　港の昔の名前　【津・津口】

津（津口）、それは「チグチ」あるいは「チェーグチ」など呼ばれ、港のことである。単に、「〜津」と記すこともある。近世文書で、那覇港のことを那覇津、泊港を泊之津、運天《うんてん》港のことを運天津と記されたりする。近世の文物交流の主役を演じたのは、陸上が宿道（スクミチ↓70）、海上が津（港）であった。

近世薩摩への「仕上世米《しのぼせまい》」を積み出す港として、山原《やんばる》（沖縄本島の北部）の運天・勘《かん》定納《てな》・湖辺底《こへんすく》・仲泊《なかどまり》港の四津があげられている。

運天港は、『海東諸国紀』の「琉球国之図」（1471年）で「雲見泊要津」と記され、すでに重要な津（港）として知られていた。

山原に運天港をはじめ、炬《てー》港・湧川《わくがわ》（今帰仁村）、瀬底《せそこ》・渡久地《とぐち》（本部町）、名護・湖辺底（旧名護町）、呉我《ごが》・勘定納（旧羽地村）、塩屋《しおや》・屋嘉比《やかび》（大宜味村）、鏡地《かがんじ》・辺土名《へんとな》、辺野喜《べのき》・奥《おく》・伊部《いぶ》・安田《あだ》・安波《あは》（国頭村）、平良《たいら》・慶佐次《げさし》・有銘《あるめ》・大浦《おおうら》・辺野古《へのこ》（旧久志村）など数多くの港（津）があった。

炬港は大井川の下流にあり、大正時代には石油発動汽船で那覇との往来があり、生活用品が運びこまれ商売がなされた。瀬底港は本島と瀬底島間の海峡であるが、大きな船が停泊でき、また那覇と国頭間の帆船の避難港として利用された。渡久地港は、大正期に石油発動汽船による農産物や商工品などの輸出入が頻繁に行われ、また伊江島や伊平屋島をつなぐ港として機能した。

名護湾は明治時代まで数十隻の山原船が出入りしていたが、大正期に石油発動汽船の進出で山原船が減少した。名護湾に湖辺底という小さな港があり、「仕上世米」の積み出し、天候が悪くなると避難港として利用された。

羽地間切の勘定納港は『親見世日記』（天明5年、1785年）に「勘定納津口ニ而御米積入候――」とあり、羽地間切の上納物の積み出し港であった。

大宜味や国頭の各港は、那覇および他の港と山原船での往来があり、山原から材木や薪や農産物、那覇から日用品などの雑貨類が運ばれた。国頭村の東海岸の奥や伊部、それに安田、安波、旧久志村（名護市）の平良や慶佐次・有銘・大浦・辺野古などの港は、中頭の泡瀬、それに島尻（沖縄本島南部）の与那原《よなばる》との往来が盛んであった。

ここに記した山原の津（港）は、文献に出てくるもので、もっともっと小さな津（港）地名が残っている。例えば、今帰仁村で港とかかわる地名を拾ってみると、運天港や炬港のほかに、原名に親泊《おやどまり》原・港《みなと》原、小地名にチェーグチ（津屋口）・ナートゥ・ナガナートゥ・トーミナトなどがある。

これらの地名は内陸部の低地にもあり、かつて海岸が内陸部まで入り込み、そこに津（港）があり機能していたことを物語っている。

（仲原　弘哲）

61　船のとまるところ　【港・湊・泊】

方言では川口に近い下流や、川のような入江を「ンナトゥ」という。海に接する川口の所を「ンナトゥンチビ（川尻）」という。島根県でも「ンナト」というらしい。ンナトゥは「みなと」であり、水門《みなと》あるいは水戸《みなと》である。人類が舟を使用し始めたのは川においてであろう。川筋が交通路となれば、川下すなわちンナトゥは舟運の拠点となる。「みなと」は舟のとまる所ということになる。

船による交通は川から海へ移り、舟の通路という意も含めて「港」の漢字が用いられ、また「集まる」の意を含めた「湊《みなと》」も用いられた。川に始まった港も海上交通が頻繁になり、船も大型化した現代の港は防波堤をもって海を囲いて造築され、特に巨大な河川の外は、川とは関係なくなってしまった。港には舟が止るということで「とまり（方言ではトゥマイ）」ともいい「泊」の字を用いる。

「湊」の入った地名は、他府県には多いようであるが、県内では中城村と名護市に湊川原があるだけである。港の一字地名は、北谷町と北大東村に字港《みなと》があるが、北谷町字港は北谷漁港の、北大東村字港は西港の後背地で、いずれも港湾に面した集落という意であろう。小字名の港原（ンナトゥバル）はあちこちにかなりあるが、ンナトゥバルは、ンナトゥ（川下）に面した土地に名付けられた原ハル名である。旧具志頭村（八重瀬町）の港川《みなとがわ》は、方言ンナトゥグヮーで、グヮーは愛称であり、共通語発音にしてミナトガーとなり、港川の漢字が当てられている。浦添市の港川は方言でンナトゥガーというから、おそらく港に近く飲料水用の井泉（カー）があって、これに由来するものと思われる。浦添市の牧港は方言マチナトゥで、古くはマヒナトゥと言った。島津氏の琉球侵攻の記録『喜安《きあん》日記』には真比湊と記されている。近くに「真比」のつく地名があるからマヒにある港（ンナト）の意ではなかったかと思われる。マヒナトゥがマチナトゥに音変化したため、待ち港に解する為朝伝説が出来たのであろう。

泊の一字地名は、那覇市・中城村・旧仲里村（久米島町）の三市町村にあり、那覇市の泊は安里《あさと》川の川口になっており、那覇港と共に古代から利用されて来たが、那覇港が港内広く、王府時代から中国や日本本土との交易でにぎわったのに比べ、泊港は港内が狭く浅かったため、ほとんど漁船や山原船などの停泊地であった。しかし戦後大規模な築港によって大型船の出入りも出来るようになった。

中城村と旧仲里村にある泊はいずれも現在は陸地内になっており、どうして「泊」の地名になったかと思われるが、かつては入江になっていて、舟が出入りしたのである。中城村の泊は大正時代までは糸満漁夫が利用したという。

恩納村の仲泊《なかどまり》は、久良波《くらは》と前兼久《まえがねく》両港の中間にあることや、陸上交通の要地としても那覇から名護への海上陸上交通の中央にあたるのでこの名が付いたかと思われる。旧具志川村（久米島町）の仲泊は古くは大田村（字）の小地名であった所で、その由来は不明である。宜野湾市の宇地泊《うちどまり》は、牧港の内側入江（現在は陸地）に面した泊という意による地名であろう。

本部町瀬底島と健堅《けんけん》の間の海にトウドゥマイ（唐泊）があり、健堅港の別名とした書物もあるが、これは、健堅ではなく瀬底の方で称している名称で、唐船は必ずしも中国の船ということではなく、琉球船でも中国への交易船のことで、唐泊はその停泊港のことである。具志川村や今帰仁村にあったトウシングムイ（唐船小堀）も同義である。瀬底島には唐泊に面して唐泊原（トウドゥマイバル）がある。今帰仁村の親泊《おやどまり》は方言でウェードゥマイといい、親（ウェー）は親川（ウェーガー）と同様、一種の敬称である。親泊（旧集落名）はシゲマ川の川口をなす入江を利用した港であったが、現在は今帰仁（旧集落名）と合併し、両者から一字ずつとって今泊となっている。

東村の魚《いゆ》泊、大泊は、現在は高い丘陵台地上にあるが、かつてはその下方の港で山原船による林産物の積出港であった。与那国の租納《そない》をトゥマイ（泊）ともいうとした本もあるが、同義でなく、別名と考えられる。泊原の地名は各地に多数ある。

（宮城　幸吉）

62　オモロに歌われ琉歌にない言葉　【イノー】

柳田国男の『海南小記』のなかに「干瀬《ひし》の人生」（1921）という美しい文章が収められている。その小文の冒頭に「干瀬はさながら一条の練絹《ねりぎぬ》のごとく、白波の帯をもって島を取り巻き、海の瑠璃《るり》色の濃淡を劃《かく》している」と記されている。干瀬の外側は濃い瑠璃色の外海《フカウミ》であるが、干瀬の内側の浅い淡い瑠璃色の水域がイノーである。イノーの底は砂でおおわれていることが多く、「月夜などにも遠くから光って見える」。イノーは、私たち南島人の原風景のなかの重要な要素であり続けている。

外間守善・玉城政美編『南島歌謡大成Ⅰ沖縄編（上）』（1980、角川書店）のなかにイノーに該当すると思われる語（いなう／いの／いーの／いのー／いぬ）が約10カ所に出てくる（これは、沖縄文化協会会員・浜田泰子氏のご教示による）。それらは、たとえば次のように、「ひし（干瀬）」と対句をなして詠まれていることが多い（前出『南島歌謡大成』傍点は引用者）。

エーゆーどぅりがなゆりばどぅ　（エー夕凪になればこそ）
エーいぬなぎにくりいむり　（エーイノー沿いに漕いでいらっしゃい）

エーあさどぅりがなゆりばどぅ　（エー朝凪になればこそ）
エーひしなぎにくりいむり　（エー干瀬沿いに漕いでいらっしゃい）

イノーは地形学の用語では「浅礁湖《せんしょうこ》」または「礁池《しょうち》」という。イノーは干瀬（地形学で「礁原《しょうげん》」または「礁嶺《しょうれい》」）に囲繞《いにょう》されていることが多い。だから、イノーと干瀬は一対のものとして認識される。言い換えれば、干瀬の存在によってイノーが強く意識され、イノーの範囲がはっきりと画定される。しかし、干瀬に囲繞されないイノーもある。外海の荒波から島をまもっている干瀬は、通常波の強い外洋側や風上側に見られ、波静かな島陰や内湾部、風下側などには発達しない。たとえば久高島の東側（太平洋側）のサンゴ礁には一連の見事な干瀬（ピシ）が発達しているが、西側（中城湾側）のサンゴ礁には干瀬がなく、水深2〜4メートルで、砂におおわれた面が広がっているだけである。西側のサンゴ礁は、干潮時にも汀線《ていせん》付近のわずかな範囲を除いて干上がることもない。そのような砂床《さしょう》の部分も久高島の人々はイノーと呼んでいる。

一般にイノーは「干瀬の内側の浅い海」と定義（説明）されるが、より正確を期するならば、つぎのようにゆるやかな説明を与えるにとどめたほうがよいであろう。「イノーとは、干潮時にもほとんど干出することがなく、多くの場合、底が砂でおおわれている比較的浅い水域である」。

イノー地名はヒシ地名に比べて数が少ない。例えば、南城市知念の約200個のサンゴ礁地名のうち、ヒシ地名11個に対してイノー地名はゼロである。むろん例外はあり、名護市嘉陽では、ヒシ地名と同数の6個のイノー地名が採集されている（『嘉陽誌』1999）。すなわち、ウチ〈内〉イノー、フカ〈外〉イノー、ギミ〈陸上地名〉イノー、メー〈前〉イノー、スッタ〈陸上地名〉イノー、ヒガ〈陸上地名〉イノーである。

ところで『海南小記』のなかに「イノー」の語はただ1カ所見出せる。しかし、それはサンゴ礁のイノーではなく「竜巻《たつまき》」を意味するイノーである。管見の限り、琉歌や近代沖縄の詩歌には、干瀬は詠まれても、イノーの語は見られない。

（渡久地　健）

63　瀬戸地名が由来

【「シル」地名】

小島嶼《とうしょ》群の慶良間《けらま》諸島（↓24）に見出される地名である。島と島との間を成している水道（海峡）に、「シル」のついた地名が見出される。渡嘉敷村に2カ所、座間味村に6カ所を見つけることができた。

この「シル」に「白」、あるいは「城」の漢字当てがなされているのが見られる。たとえば「フカシル」を「深城」、他にも同名があるが、それには「外白」とされている。おそらく琉球方音のシルがシロ（白）、シロ（城）となることによって、こうした漢字を安易に当てたものであろう。「深城」と当てた場所には「シルグスク」なる小岩島がある。従来「グスク＝城」と考えられていたことによってフカシルを「深城」としたのであろう。

阿嘉島にくっつき、一列をなしている微小な岩島列がある。これら岩島を隔てている海水道は実に狭く、一飛びで飛び越せるような地形をなしている。そこにチミシル（積城）、グナ（小）シル、ウフ（大）シルなどの地名がつけられ、それらの外に途中でふさがれて通過できない水道にチビカタマヤー（尻固結か）なる名称のものも見当たる。

このような極く狭い海水道に「シル」と名付けられているのであるが、このシル名が与勝諸島の高離《たかはなり》（宮城島）と伊計離《いちはなり》（伊計島）との間、現在架橋されている水道にもフーキシル（ジル）の地名があるという。

一体「シル」の語源は何だろうか？　読者はすでにシル名の地形が、極く狭い海峡にけられていることによって、その語源を察知されておられるものと思われる。すなわち、「シル」は「瀬戸」であることを――。

沖縄方音では「瀬《せ》」は「シ」となっている。「干瀬」は「ヒシ」、「瀬名波」は「シナハ」となっている。すなわちシルの「シ」は「瀬」ということとなる。つぎに「戸」は「トゥ」と発音し、「戸棚」を「トゥダナ」といっている。ところが「慶良間」では「ル」といったような発音をしている。たとえば、昔、慶良間からは唐船頭が多くでたとのことであるが、その「船頭殿」に「シンルールン」と言っているがごとく、「ドゥ」は「ル」になっている。かくして「瀬戸」は「シル」となっている。

シルを瀬戸と当て字してシルと読ませてよいものを、強いて共通語音にしようとして「白」とか「城」とかに当て字したのは賛同し難いものである。

ところで日本における「瀬戸」地名の分布は、瀬戸内海を核とし、それに長崎県平戸付近、南下して沖縄の慶良間諸島に及んでいるといえるであろう。

（仲松　弥秀）

64　幻の大陸へのロマン　【八重干瀬】

宮古の池間島北方に広がる八重干瀬《やびじ》は、本土復帰後、年に一回浮上する〃幻の大陸〃としてマスコミの話題をさらっている。旧暦3月3日〃サニツ〃前後に最も大きく浮上するというので、フレーズ好きなマスコミによって伝説の島アトランティスにも似た響きをもって迎えられ、一躍有名にしたのであろう。もとより人々は前景に柳田国男の晩年の名著『海上の道』を思い描いて、幻の大陸へのロマンをかきたてられているのかもしれない。貝が通貨として重用されていたころ、東方の新しい生活の場を求めて船出した大陸南部の人びとが宮古にたどりつき、八重干瀬などで無尽蔵に産する宝貝を発見する。家族や友人をよびよせ、宝貝採取をたつきの糧にしたが、いつか大陸では貨幣が登場して貝貨の魅力が薄れてしまう。はじめから稲を携行していた人びとは稲作の適地を求めて島伝いに北上していった。ロマンに満ちた壮大な日本人の祖の源流を探る仮説である。

八重干瀬は大小百以上の礁原《しょうげん》からなる南北10キロ、東西7キロ（「宮古八重山両島絵図帳」では南北三里、東西一里六町四拾間）もある大規模な礁原である。毎月二回大潮の際の干潮時二～三時間ほど海上に姿を現す。各種海藻類はもとより、魚介類も豊富に生息しており、池間島の人びとは古くから最良の漁場として親しんできた。〝サニツ〟には島をあげてすべての漁船が潮干狩に繰り出す。この日ばかりは島外の人でもみな無料で八重干瀬へ運んでもらえる。

池間島の人々は百を超す大小さまざまな礁原《しょうげん》すべてに名前をつけている。北西部に位置し、もっとも大きい〝ドゥ（胴）〟には、サイヌハ・トゥガイ、ニヌハ・トゥガイ、ドゥーヌ・ハナリガマ、フゥジャヤー、トゥヌバラ、ビーヤ、アラヌナガツブなど、有人島同様に浮上したときに現れる小さな入江、岬に至るまで名前がついている。それだけ生活に密着してきているということであろう。それゆえに今、地元では八重干瀬を一過性の観光まつりに終わらせるのではなく、いかに保護しつつ活用していくか、重要な課題として各種研修会を催すなど論議されている。

ところでその表記は近世以来「八重干瀬」だが、一般にはヤビシ、またはヤビジとよばれている。しかし近年は漢字を文字どおり読むせいか、ヤエビセ、あるいはヤエビシと読む人も出ている。大小多くの干瀬（ヒセ＝ピシ）からなるので、八重干瀬と表記したのであろうが、１９９９年、旧平良市（宮古島市）では、国土地理院とも連携しつつ呼称については、一応公的には地元池間島の「ヤビジ」で統一することになった。

（仲宗根　将二）

65　海底の地形的高まり　【スニ】

スニ、ソネ、曽根、洲根はどのような地形を指す民俗語（一般名詞）なのだろうか。「海上から透視できない海中の地形的な高まり。暗礁。好漁場となる」これが大方の理解であろう。ここでは地名（固有名詞）を手掛かりにスニとは何かを考えたい。

スニの付く地名のなかで最も有名なものの一つが糸満の西方沖13・5キロに位置する「ルカズニ」であろう（大方の地図には「ルカン礁」と記されている）。これは、外海に孤立している円形のサンゴ礁（台礁《だいしょう》）である。干潮時には、中央部（イノーの部分）を除いて大部分が干上がる。干出するので、先の辞典的定義とは相いれない。だから、目崎茂和は『南島の地形』（１９８８年、沖縄出版）で「ルカ礁《しょう》」の名称が的確であろう、と記したと思われる。

そのつぎに、大潮の干潮時にも干出せず、しかしその輪郭が陸上からはっきりと目視できる孤立した沈水サンゴ礁（暗礁）に対して「スニ」を付された地名がある。久高島の西方沖約500メートルに位置する「タンキズニ」（別名＝フルビシグヮー）と西表島の鹿川湾にある「ナズニ（中瀬）」（別名＝ウランタピー）がそれである。

三番目に、干瀬の外側の斜面（礁斜面）に連なり、海上（船上）から微《かす》かに目視できる人ニがある。伊江島の西側にある「イリミーバイズニ」と備瀬《びせ》崎のサンゴ礁の外側に位置する「ビシミーバイズニ」などがそれで、ミーバイ（和名＝ハタ）という魚がよく釣れるスニだ。

そして、四番目に「イヒャズニ」（伊平屋曽根）などのような、外海（フカウミ）の深いスニがある。海上から見えないスニの上に舟を着けるには、陸上の島影（山の形）などを利用する、いわゆる「ヤマアテ」と呼ばれる方法を用いる。このような深海のスニでは、マジク（和名＝キビレアカレンコ）やオーマチ（和名＝アオチビキ）などの高級魚の一本釣が行なわれる。

以上のように地名を調べてみると、干出する浅いものから底が透視できない深いものまで四つのタイプの「スニ地名」が実在している。

民俗語は厳密な自然科学の分類からではなく、人々が与えた地名（民俗呼称）や民俗分類を尊重する立場から説明・定義すべきであると考える筆者は、つぎのようにゆるやかな説明を与え、それだけで十分に満足すべきだと思っている。「スニとは、ある一つのまとまりをもった海底の地形的な高まりである。好漁場となることが多い」。

（渡久地　健）

Ⅵ　歴史・民俗を伝える地名

地名には、自然環境を反映した地名のほかに、民俗的な意味合いをもつ地名や土地の歴史が刻印された地名がある。さらに時代とともに消えていく地名、新たに生まれる地名もある。本章では、南島の民俗や歴史を伝える古層の地名と、生々流転の中にある地名を巡る。

名護市嘉陽のキョウ

66　琉球弧にのみ残存する地名　【オボツ山】

オボツ山、オボツ嶽の名称は、「おもろ」にも見られ、「神在住の場所」と言ってもよいであろう。

ところで、この名称は、おそらく日本全国に分布していたであろうと思われるのであるが、本土各地では遠い過去において消失し、南島琉球弧の島々のみに残存されてきたものであろう。

かの『琉球国由来記』（1713年）の玉城間切の項には、「ヲブツヤマ、トウヤマ、アヨレドモ」という祭祀ノロ唄が散見される。たとえば当山安次富之殿（巻13－423）でのノロ唄、「ヲブツヤマ、トウサヤ、アヨレドモ／アフトノクダ、アストノマキヨウ、ヲヒヤコメイガ／イシュヅカヘニ、ヨヨ、レタル」などのごとくである。ところが、こうした祭祀唄もいつの間にか忘失、もちろんオボツ山という呼称を知っている神女等もいなくなってしまった。

現在オボツ山が見られるのは、日本広しといえども南島の奄美のみとなっている。その奄美でも、奄美大島南部と加計呂麻《かけろま》島のみのようである。約25カ所にオボツ山が見られる。

しかもそのほとんどが加計呂麻島である。奄美におけるオボツ山は、①湯湾《ゆわん》岳や油井《ゆい》岳などの高い山岳上に位置しているもの、②村落背後の比較的低い丘上にあるもの、③平地の村落内に立地するものの、三つに分類できるようである。

奄美では、このオボツ山のことをオガミ山ともいわれ、神山とも御嶽ともいわれている。

しかして高い山上にあるオボツ山は、海の彼方のニライカナイの神の聖地になっていると言ってもよい。村落背後丘のオボツ山は、その村落共同体の祖霊神の祀られている聖地であるとみられ、村落内のオボツ山からは神骨が掘り出されたという所があちこちにあり、祖霊神を祀る御嶽からの神骨が移葬された場所と思ってもよい。

こうした奄美のオボツ山から考察した場合、天上からの神はどこのオボツ山にも見当たらないといってよい。

かの琉球国の初の正史『中山世鑑』（1650年）に「オボツとは天上なり」と記されているが、本土の場合はいざ知らず、少なくとも南島琉球弧の島々のオボツ山の場合は、ニライカナイ神か、その村落共同体の祖霊神のおられる聖地と判ずることはできるが、天上の神の聖地と判ずることは到底できない。

（仲松　弥秀）

67　神の足がかりの地　【キョウ】

首里城跡の南西隅に「京の内」と呼ばれた一画があって、城内十嶽のうち五つの御嶽《うたき》が集中した、城内最高の聖地とされた所であった。『おもろさうし』にも、きやうのうち、きやのうち、きやんうち、けうのうち、と種々と表記され、京の内と当て字されている。

仲原善忠・外間守善著『おもろさうし辞典・総索引』（角川書店、1967）は、「きや（京）。あるいは京都に擬して、首里城内も京とよぶ」とし、小島瓔禮は、『日本の神々　神社と聖地13　南西諸島』（白水社、1977年）のなかで、「キョウノ内のキョウも斎場御嶽の拝所の一つ、キョウノハナ（チョーヌハナ）のキョウ（チョウ）と同じく、切り立った岩山を指すチョーかもしれない」と解している。

このキョウ（チョウ、チュウ）という地点地名は、海辺のムラでは、ごく普通に見られる。民俗研究者の間で、よく知られたものに名護市嘉陽《かよう》のキョウがある。ムラの地先の大きな岩礁（離れ岩）がそれで、また伊是名島仲田港の入り口にウリガン（降神）島と名付けられたのも、キョウである。『琉球国由来記』（巻16－69－a）伊平屋島の年中祭祀正月朔日御願の宣り言に「伊平ヤノ、チャヤウグスク」と見え、伊是名グスクが、チャヤウグスクとも呼ばれていたことがわかる。イザイ・ホーで著名な神のくに久高島も沖縄本島に対するキョウと比定することができる。

　このように見てくると、このキョウとは、渡来神すなわちニライ・カナイの神の〝足掛かりの地〟と解することができる。ニライ・カナイの神の足掛かりの地を証明する、キョウと同義のニギリキョウ（ニヂリチュウ）と呼称される岩礁を集落前面の海中や海浜にもつムラもある。ニライは「遠く海上かなたにあると信じられている楽土。根所方」（『沖縄今帰仁方言辞典』１９８３年）が通説になっていて、ニギリは、「ニ＝根」、「ギリ＝限り、果て」で、ニライと同義とみることができる。

　それでは課題のキョウは、何を秘めた言葉であろうか。キョウとは、その聖なる立地条件から神々の気の満ち満ちた所すなわち、「けう・きう＝気のおおう所」で、強いて当て字をすれば「気宇」が正しいと思われる。言葉の義が伝わらないまま、音によって京の字を当てたことで、先述の種々の憶測を生みだしたのではなかろうか。

　昭和歌謡として有名になった奄美の歌「島育ち」（１９６２年）のなかの〝沖の立神〟も同義。地域によっては、名護市辺野古《へのこ》の事例のようにトゥングヮとも呼ぶ。

（久手堅　憲夫）

68　各地の海岸・海に立つ　【立神・トンバラ】

南西諸島の島々には、海岸やその近くの海に、高さ数メートルから中には数十メートルに及ぶ屹立した独立岩（離れ岩）がしばしば見られる。これをタチガミ、タチジセミ、タチガンなど、呼称は地域によって異なるが、漢字はほとんど立神としてある。

南西諸島ばかりではなく、志摩半島の鳥羽市や、淡路島、鹿児島県甑《こしき》島、トカラ列島及び加計呂麻《かけろま》島、与路《よろ》島等にあり、数えあげれば数十カ所にも及ぶという。中でも名瀬湾《なじ》入り口にある立神は、戦前、那覇・鹿児島間の航路は必ず名瀬に寄港したので、沖縄の人々にはなじみ深いものがあった。

県内では渡名喜島に3カ所、久米島・与那国島に1カ所ずつあり、与那国サンニ台にある立神は、観光コースに入っていて広く知られている。

名護市嘉陽《かよう》の海岸や栗国島では「キョウ」といっていそし、座間味島の古座間味《ふるざまみ》に1カ所、阿嘉島の周辺に3カ所あるのは「タチジャン」といって、立山の漢字を当てている。これらの独立岩は、火成岩地の岩脈や古生層の堅い岩層が、風波によって削り残されたものであるが、中城村の上立神・下立神は隆起サンゴ礁の独立岩である。

人里離れた海岸にそびえ立つ立神は、神々がニライカナイから島へ渡る足掛かりと考えられ、御嶽拝所として昔は崇められたが、近年はほとんど忘れられ、名称のみが残っている。同じ独立岩であるが、海上遠くに離れて立っているのは、トゥンバラーといっている。名称の由来は不明であるが、トゥンハナリヤー（飛び離れたもの）あるいは飛び岩の意からきているとも言われる。

徳之島の北部金見《かなみ》沖のトンバラは有名で、奄美大島の瀬戸内町嘉徳《かとく》の沖、笠利町笠利崎の沖にトンバラがあり、古来海上航行の目標になり、航海者や漁師たちは、近くを通る時は必ず手を合わせて航海の安全を祈ったという。

久米島の島尻崎の南端から約2・5キロの海上にも標高53メートルの大きなトンバラがあり、昔から久米島および先島と那覇との間の航海や漁船が目標としたもので、昔はここを航行する者は必ず拝んだという。その周辺は好漁場であり、近年は夏にスキューバダイビングの場として人気を得ている。

（宮城　幸吉）

69　「寺」でない「テラ」

琉球弧の島々には、北の奄美から南は八重山に至るまで、「テイラ（テラ）」と呼称されている所があちこちに随分と見られる。とくに奄美諸島の徳之島や沖永良部島では、各村落ごとにテラ地名が見出されるといってても許されるほど多い。

こうしたテラ地名は、かつて「寺」がそこにあったことによって名付けられたのではないかとの説も聞かれる。ところで徳之島の井ノ川に安住寺が1533年頃に創建されたが、1770年に伊仙町の義名山《ぎなやま》に移されたとのことであるが、とうとうそこで消滅してしまった。ところがこの寺跡地には現在テラではなく、「テラ敷」という地名となっている。沖永良部島にも禅王寺《ぜんおうじ》という唯一の寺があった。後世、内城《うちじろ》村落に移り、そこで消滅したのであるが、この寺跡も「テラ敷」といっている。

かく、徳之島や沖永良部島には寺跡地が各々2カ所しかないのにかかわらず、テラ地名が各村落に見出されるということから考えても、テラ（寺）ではない「テラ」が南島琉球弧の島々に分布していることが判るはずである。

それでは「寺」でない「テラ」とは一体何者だろうか。

徳之島の亀徳《かめとく》に菅原神社がある。この神社の建てられている場所は、もともとテラといわれていた神山であった。同島の亀津《かめつ》に金比羅様を祀る洞穴がある。そこもテラといわれていた。同島の検福《けんぷく》に八幡社の洞穴がある。ここもテラといわれたところである。

奄美大島にもテラと俗称されている神社がある。これ要するに奄美諸島でいわれているテラとは、神祀る所といってよい。

沖縄本島にも金武、普天間《ふてんま》、天久《あめく》、識名《しきな》その他にテラがある。そのテラに祀られているのは仏ではなく、熊野権現かビジュルといわれる神の部類である。

波之上宮は周知の通り神祀るところであるが、「鼻グスク」ともいわれていたことが『おもろさうし』（第10－572）でもわかる。それによってもテラなるものは、神祀る所の地名であることがわかるであろう。

池間島や喜界島には墓にテラというところがある。死んだ人は神と成っているとの信仰からであろう。

（仲松　弥秀）

70　王府時代の主要道路　【宿道】

宿道、それは「スクミチ」、あるいは「シュクミチ」などと呼ぶ。宿道は、琉球王府時代の各間切の番所と番所をつなぐ主要道路（公道）を指した。首里王府の達（タッシ）を伝えるばかりでなく、人や文物の交流を担った道路でもあった。時代が変わり、道の果たす役割や名称も時代とともに変遷をたどってきた。宿道という呼びかたは、もう「歴史的な道」の呼称になろうとしている。

近世には、首里王府の達（タッシ）を各間切に伝達する宿次《シュクツギ》という制度があり、その制度は尚巴志《しょうはし》が琉球を統一した時代からあったのではないかと言われている。近世の国頭方（山原）や中頭方への宿次は、東宿と西宿の二つのルートがあり、また島尻方へも真和志宿と南風宿の二つのルートがあった。

山原へのルートである東宿は、西原→宜野湾→越来《ごえく》→美里→金武→久志→羽地→大宜味→国頭間切まで。もう一つの西宿は、浦添→北谷《ちゃたん》→読谷山→恩納→名護→本部→今帰仁《なきじん》の間切番所へと宿次をしていった。各間切の番所と番所をつないだのが近世の宿道であった。『正保三年琉球国絵図帳』（１６４６年）や『薩摩藩調整図』（18世紀頃）や『琉球国絵図』（１７０２

年）などに沖縄本島の宿道が描かれている。それらのルートを手掛かりに沖縄県内の「歴史の道」を踏査・調査をし、その報告書（『沖縄県歴史の道調査報告書Ⅰ〜Ⅴ』沖縄県教育委員会文化課）が出されている。

宿道について「今帰仁間切内法」は、「宿道脇道ノ義破次第修補中付」と規定し、また「今帰仁間切各村内法」でも同様に規定し、宿道は間切と各村で管理していたことがわかる。

１８９７（明治30）年に間切番所が役場と改称され、また時代や交通体系が変わってくると、宿道が郡道や県道、さらに国道などと呼ばれるようになる。宿道と呼ばれ、連続していた公道が、その役割が忘れられてしまい、今では集落内を通る道路や松並木のよく保存された場所などに宿道という小地名として残り、かつての面影をわずかにとどめているにすぎない。特に、１９７５（昭和50）年に開かれた沖縄海洋博覧会にむけて道路整備がなされ、かつての西宿であった名護七曲りなどの宿道は大きく変ぼうした。

今帰仁村内を通る県道は、ほぼ近世の宿道の道筋を踏襲しているが、湧川や諸志、今泊あたりで道筋の変更があり、旧道の一部が残っている。また、今帰仁村内には近世の図面には出てこない海岸寄りのもう一本の宿道があり、それがムラと運天番所をつなぐ道であったとみられる。

首里王府を中心に結ばれていた宿道は断ち切られ、あるいは拡幅され、その役割も忘れ去られてしまっている。各地に小地名として残る宿道も、やがては消えていく運命にある。

（仲原　弘哲）

71　競馬だけでないイベントスペース

【馬場（ウマーウイ）】

沖縄本島にウマーウイやマーウイ、あるいはマーバテセー・ババ（馬場）などと呼ばれる細長い広場がある。ウマーウイに馬場や馬追、それに馬路・馬上などの漢字が当てられている。その語義について「馬追い」や「馬売り」と解されている。

馬場は、人工的な施設で、１８８０（明治13）年の『沖縄県統計概表』に71カ所の馬場があげられている。もちろん、その数が全てではない。例えば今帰仁村の天底《あめそこ》馬場や親泊《おやどまり》馬場、本部町の具志堅《ぐしけん》馬場などが抜けている。今ではアブシバレーや原山《はるやま》勝負（田畑の出来や山林の管理の優劣を競う農村の年中行事）が形を変え、また馬を必要としなくなり、馬場跡は小地名として残っているにすぎない。宅地や道路・畑などに変わり、かつての馬場の面影はほとんど残っていない。その中で唯一、馬場の形を残しているのが今帰仁村の仲原馬場（ナカバルババ）である。

　仲原馬場は今帰仁村のほぼ中央に位置し、今帰仁間切全体の馬場として利用された。仲原馬場のほかに、東に天底馬場、西に親泊馬場があった。仲原馬場は長さ約250メートル幅約20メートルの長方形をなし、両側に約1メートル程の土手をつくり、中央付近に一部石垣が残り、そこは観覧席だったという。馬場の走路に沿って、数は少なくなったが大きな松が並木をなし、またその間に若い松が威勢よく育っている。

　マーウイの語義や由来は別にして、馬場がどのような役割を果たしていたかをみることにする。明治13年の『沖縄統計概表』で「馬場は毎年収穫のとき、間切の人民が集まり、穀物の出来を比較し普段の勤怠を鑑別するところである」と述べている。つまり、馬場は間切のアブシバレー（畦払い。田植えの後に畦の草刈り、虫祓いを行う豊作祈願）や原山勝負の会場として利用される施設であった。

　例えば、名護間切でアブシバレーの当日、地頭代《ジトゥデー》以下間切番所の役人が定刻十時に正装して大兼久村の馬場に集まり、地頭代を先頭に惣耕作当《ソウコウサクアタイ》、惣山当《ソウコウアタイ》・伊地味夫 地 頭《ブージトゥー》・大兼久夫地頭――と間切役人が続き、総勢44人の騎馬隊が大兼久馬場から屋部《やぶ》の唐船曲まで行列をなしたという。大神原で祈願をし、折り返して東江港でまた豊作祈願をし、終わると大兼久馬場で競馬を行ったという（比嘉宇太郎著『名護六百年史』１９２４）。

名護間切で、人民の骨休みとしてアブシバレーが行われ、その余興として名護兼久馬場で競馬が行われた。東西に分かれ、それぞれから一人ずつ出し、20組が競った（１９０１年、『琉球新報』記事）。

羽地間切の伊《い》差《さ》川《がわ》馬場で原山勝負の式が行われ、負けた方に制裁が課せられ、その村の総代は竹馬に乗せ、村中を引き回して公衆に見せる旧慣があった（１９０６年、『琉球新報』記事）という。

マーウイは「仲原馬場」や「大兼久馬場」など「～馬場」と字が当てられることから競馬場のイメージが強い。実のところ、アブシバレーの祭祀や原山勝負の主会場のための施設で、競馬はその日の余興であった。そのことをもっと強調しないと「～馬場」地名が競馬場として走りだしそうである。

（仲原　弘哲）

72　道路が交差するところ　【ツンマーセ】

何本かの道路が交差するところの呼称に三差路、十字路あるいは辻などがある。最近はY字路、T字路などの呼称もある。

石垣島にはツンマーセと呼ばれるところがある。よく知られているところは字新川《あらかわ》の西方、県道79号（通称二号線）と市道4号が交差するところのツンマーセ（アールツンマーセ）で、さらに約200メートル西方にもう一つツンマーセ（イールツンマーセ）がある。その他、字登野城《とのしろ》の東方（国道390号と市道4号が交差するところ）、そして字白保の北方（国道390号沿い）である。いずれもかつての村外れである。

共通しているのは、村内の二つの道路が村外れで交差し、一つの道路にまとまるいわゆるY字路になっているところである（字新川のアールツンマーセは例外）。

ツンマーセの語源については「積み回す」からきていると言われている。

沖縄本島の那覇市旧松山町・松下町・久茂地《くもじ》町の境にあるイベガマ（御嶽）、首里城の中山門《ちゅうざんもん》の近くにあった京阿波根《きょうあはごん》塚（御嶽）などは別名「チンマーサ」といわれているが、いずれも周りに石が積まれていたところからそう呼ばれていたようである。

「ツンマーセ」と「チンマーサ」は語源からすると同じ性質のものということになるが、それだけでは片付けられないものがある。

白保《しらほ》のツンマーセは、地元では「シィンバーサ」と呼んでいるが、白保では「ツン」を「シィン」と発音するので、その語源はツンマーセと同じであろうと思われる。そこはかつて村人が農作業に出る村の出口で、かつ農作業から帰る村人への入り口であり、休憩場所であった。農道の修復作業などで村人を動員するときの集合場所や村の集会場所でもあった。また「シィンバーサ」は、若者たちが農作業を終えた月夜の晩、相撲や歌・踊りをして遊ぶ「毛遊《もうあし》び」の場所でもあった。

白保のシィンバーサには現在、交通安全の塔が建てられている。新川のアールツンマーセ、イールツンマーセにも広場があり、村人の集合場所でもあった。現在は広場はなくなり、ガジマルの木が植えられている。

このツンマーセの「セ」は場所を表すことばであるという説もある。いずれもY字路という共通点からすると、角（チィヌ）のように尖《とが》った場所（セ）と考えるのは飛躍だろうか。尖ったものを表したものに「海のチンボーラ」もある。

（糸洌　長章）

73　切り通しの生活道路　【ワイトゥイ】

「ワイトゥイ」と「クビリ」（↓44）は形態、そして用途においても異なる通路である。ワイトゥイグヮーと呼ばれる小径はクビリに酷似したものと考えられなくもない。だが、クビリが極めて自然発生的形態の小径であるのに対し、ワイトゥイは隣村への通路、あるいは野良仕事のために通る往来の多い生活道路の通路である。また、かつてのクビリがワイトゥイとなった小径の事例も当然考えられる。

「ワイトゥイ」には人為的作用が働いていることは見のがせない。丘陵や台地を切り開いて作った道路は辞書によると「切通し」とみえる。堀割ともいう。英語でカッティング（cutting）という。いずれも通路の構築・形態をうまく表現した地形地名である。だが、沖縄方言でワイトゥイというとき、人びとの営為がよりダイナミックに言いえているのではないか。固い岩石を割り、取り除いて道を開くプロセスが如実に想像される。

以前、旧勝連町（うるま市）平安名《へんな》にある比殿《ひどん》農道（比殿ワイトゥイ）の開通50周年記念式典の模様がマスコミで報じられた。村から、琉球石灰岩がつくる丘陵を越えた場所の農地に至る2キロのワイトゥイを1933（昭和7）年か3年がかりで切り開いたという。

そこは村びとが石のみ、つるはしで石を割り取って造った高い岩壁の切りたつ通りである。現存するワイトゥイの横綱の風格を呈している。

人口密度が高い集落間を結ぶ道路網の通路としてのワイトゥイは沖縄本島中南部に多く分布していた。特に琉球石灰岩とニービ（砂岩）が広く分布する地域のワイトゥイは昭和期に至って構築されたものが多く残存している。馬車通行のための農道整備事業として行われたものである。

近年、公共事業の一環として各地のワイトゥイは拡張整備され、歩道のついた道路となり様相がすっかり変わってしまい、未舗装のワイトゥイを見つけるのは容易でない。かつて首里の儀保から平良に至るジーブ（儀保）クビリ一帯にあったテーラマチがにぎわった通りも、今では石嶺本通り（県道5号）の通路となって、ワイトゥイらしさを失い、そこを通る人たちはほとんど思いもつかないらしい。かつて、ワイトゥイは隣村の若者同士が集う毛遊《もうあし》びの場所でもあった。

（島袋　伸一）

74　門《ジョウ》は門《もん》にあらず　【ジョウ】

守礼門《しゅれいもん》から中山門《ちゅうざんもん》跡（現首里高校の西南端）までの通りをアヤジョウ、また訛《な》まってアイジョウとも呼んでいた。当て字をすれば綾門になる。「イャーヤ・マーヌガ」（君はどこの子だ）、「ウィー・イシジョウヌ・クディキンヌ・サイ」（上石門の久手堅の子です）。〝龍潭《りゅうたん》通り〟の池端《いけはた》から守礼門に向かうアヤジョウまでの通りを、「ウィーイシジョウ」と呼んでいた。

これらは、〝通り〟をジョウと呼んでいたことの証左であるが、私の記憶では〝いった門（ジョウ）に待ちゅめ　かぜまやに待ちゅめ　なれやかぜまややましやあらね〟（君の家の門で待とうか四辻で待とうか、なるべく目立たない四辻がいいねぇ）という琉歌の詠むごとく、一般的に家の門のことを指していた。しかしジョウは、次のようにも詠みこまれている。『大門道すがら聞けば琴の音の　月に面白さ大瀬あたり〟（月を愛でつつウフジョウをそぞろに歩くと琴の音がながれてくる。中島の大岩あたりから）。これなどは明らかにジョウが〝通り〟を指している。『全国方言辞典』（東条操編、1975、東京堂出版）も、ジョウに道の義のあることを伝えている。大門《ウフジョウ》とは、戦前那覇で一番の繁華街で、泉崎交差点から西武門《にしんじょう》交番までの通り（久米大通り）である。

伊波普猷の論文に「フカダチ考」がある。琉球方言の〝門と下痢〟を内容とする研究で、先述の久米村大門や西門（北の通り）と共に、今帰仁村の勢理客《せりきゃく》から運天《うんてん》港に通ずる大道をウフジョウと呼んでいることもあげ、ジョウが通りの義であることの傍証とし、また後世ンマウィと呼称されている馬場を指すようにもなったとして、古波蔵ジョウ、座波ジョウなどを例証としている。

〝勝連の島や通ひぼしやあすが　和仁屋間門の潮の蹴やりあぐで〟（女童の多い勝連には通いたいが潮の干き切らない和仁屋間門は歩みづらく二の足をふむ）。ここに詠まれたワナマジョウは、〝名護の大兼久　馬走らしどころ〟と同様、干潮には馬場になったことでの地名であろう。

「フカダチ考」は、「もっと古い時代には、広い原野――言換へると、戸外――をすべてそう言ったと類推することができる」としている。この説を借用させてもらうと、このジョウ→ショウ→ソウ→サウ→さル（Sar）と遡源するかもしれない。「Sar」とは、縄文時代語で藪《やぶ》や繁みをも指す言葉で、藪と原野はほとんど同じ状態をいうことは、ご承知の通りである。

（久手堅　憲夫）

75　分村・移住の歴史を物語る　【宮古島市の「添」地名】

宮古の地形図（2万5千分の1）を見ると、「添《そえ》」のつく地名が5カ所ある。宮古島北東部の東仲宗根添《ひがなかそねそえ》、同南部の西里添《にしざとそえ》と下里添《しもざとそえ》、そして伊良部島北東岸の前里添《まえざとそえ》と池間添《いけまそえ》である。これらの添地名が公的名称として使用されるようになったのは、「沖縄県及島嶼町村制」が施行された1908（明治41）年以降である。同町村制によって、平良村に東仲宗根添が、城辺村に西里添と下里添が、伊良部村に池間添と前里添が、それぞれ一字として明記された。

添とは、付属を意味する言葉である。末尾に添の付く名称を有する集落は、本村からの分村あるいは移住によって新たに形成されたものである。東仲宗根添・西里添・下里添は、現宮古島市街地である東仲宗根・西里・下里から、池間添・前里添は、池間島の池間・前里からの移住者によって形成された。これらの地域は、水の安定的な確保が難しいなど自然条件の厳しさから長い間開発が行われなかった。

宮古地域では、地質的・気候的条件から、歴史上幾度も大飢饉に見舞われ、多くの餓死者を出した。そのため、古い時代においては集落によっては他から新たに人を受け入れたり、集落ごと別の土地へ移動したりするなどの人口移動があった。この時の移動は、比較的水の得やすい地域への移動が主であった。比較的新しい時代の添集落は、前述のとおり自然環境の厳しい地域への移住であった。その背景として、1637年から宮古・八重山に課されるようになった人頭税、および人口の増加によって、これまで未開発だった地域の開墾が不可欠となったのである。1798年頃から、宮古の地方役人が百姓を動員して未開地の開墾を行うようになった。その対象となった地域が、東仲宗根添・西里添・下里添である。一方、伊良部島の二つの添は、17世紀頃から、人口が多くなった池間島から出作りを行っていた人々が定住するようになって形成された集落である。

明治以降に新しくできた集落の代表として、旧平良市（宮古島市）の西原集落、旧城辺町（宮古島市）の福里集落がある。両集落とも1874（明治7）年に、前者は池間島及び伊良部島の佐良浜（池間添、前里添からなる）から、後者は西里村からの政策的移住によって形成された。さらに、戦後は1940年代後半に添道《そえどう》が、1960年代に高野が創設された。これらの集落には基語として地名の末尾に「添」はついていない。

（我那覇　念）

76　全国70％余の米軍専用施設　【米軍基地】

太平洋戦争が終わると米軍は陸上戦で勝ち取った沖縄の基地化を推進した。朝鮮戦争を契機に「東洋の要石」と銘打って基地の恒久化を強調し、ベトナム戦争を経て、1972年5月15日に発効した沖縄返還協定は、①沖縄にある米軍基地はそのまま維持され、その軍事的機能が低下しないようにすること、②一部縮小される部分は自衛隊により補充され、日本本土について安保条約を手掛かりとして日米の相互防衛体制が強化されること、③沖縄に対する米軍の施政権に日本に返還されること、④これら基地行政の再編成に要する費用は日本が負担し、今後の沖縄をめぐる軍事的機能を維持するための支出は日本が肩代わりすること、などが主な内容となって今日に至っている。そして日本憲法下における沖縄の米軍基地の存在にいろいろな問題が惹起している。そしてついに、より具体的な調整を目指して、1996（平成8）年「沖縄に関する特別行動委員会（SACO）」が設置された。

沖縄の県土面積は国土面積のわずか1％弱であるが、米軍専用施設は全国の75％（2022年現在70・3％）を占めている。

基地の名称は日米地位協定によって決定されているが、復帰前は沖縄戦において勲功をたたえられた将兵の名前に由来してつけられた。特に海兵隊使用基地は将兵の名前をつけている場合が多い。シュワブ、ハンセン、マクトリアス、コートニー、フォスター、キンザーの基地名である。キャンプ・フォスターの正式名称がFC６８４４キャンプ瑞慶覧であることを知らないGI（アメリカ兵）が多い。海軍が管理する米軍病院のある基地はキャンプ桑江だが、通称キャンプ・レスターである。ベトナム戦争時に激しく活躍した兵站《へいたん》部があった牧港補給地区はキャンプ・キンザーで呼び習わしている。日米協定が定める正式名称と通称が同じなのは嘉手納飛行場、トリイ通信施設（陸軍）などがある。軍作業が盛んな頃、各所に「ゲート前」のバス停があった。基地が返還された後も基地名を会社や病院、アパートなどの名称に使用している事例はそれほど多くない。しかし人々に親しまれている地名もある。事例としてハンビーが挙げられる。宜野湾警察署が位置する一帯はコンセット造りの米軍病院が位置していた、キャンプ・マーシーであった。マーシーは病院にふさわしい普通名詞を使っている。マーシーの名称が病院跡の居住地区で使用されている。パイプラインもなじみの道路である。

　基地が開放されると土地の狭い沖縄では都市化を促進し、かつ土地整備が行われるので整然とした土地空間が出現する。キャンプ・マーシー跡、そして牧港住宅地区が那覇の新都心となって新しい都市空間ができあがった。そこは大城立裕の芥川賞受賞作品となった『カクテル・パーティ』の舞台となった基地である。

基地は陸地だけではない。広大な水域も空域も基地であることをしっかり記憶すべきである。漁業水域や航海水域は厳しく制限されている。那覇空港に離着する民間航空機はすべて同じ方向に航行している。このことは全国においても同様である。

基地問題は沖縄においてずっと続くであろう。基地施設の機能は高度化されていく。70余年も普天間飛行場が都市の中に居座っていることは想像を絶する実態である。

（島袋　伸三）

77　基地で消えた地名

地名は、土地とその上で生活する人々との関係から生まれた。地名はある特定の土地に付けられた固有の名称であり、ある場合には、その土地に居住する集団・集落名として使われてきた。沖縄島では、第二次世界大戦前まで、在来伝統の古い集落や、18世紀以降にできた新しい集落がそれぞれの生活空間を形成し、土地と不可分に結びついた生活を営んできた。しかし、大戦中の１９４２（昭和17）年以降、日本軍は、すでに建設を終えていた小禄飛行場のほかにも相次いで土地を接収し、要地に次々と飛行場を建設していった。それらの建設用地は、そのほとんどが石灰岩台地上の緩斜面や平坦地であった。これらはまた、良好な耕作地であり、沖縄でも古来から多くの人口が集積した地域であった。さらに大戦後、米軍は、沖縄島中・南部を中心にこれら日本軍の基地の一部を利用拡張、あるいは新たに土地を接収し、強固な軍事基地を建設した。

基地の建設によって、それまでの住民の生活空間・集落域が失われた。景観も一変し、人々と土地と地名が不可分に結びついていた場所は消失した。嘉手納飛行場においては、北谷村域の主要部が軍事基地で占められ、住民の居住域が分離して存在することとなった。この結果として、村域が二分割され、現在の嘉手納町と北谷町になっている。

かつての地名は、キャンプ瑞慶覧《ずけらん》やキャンプ桑江《くわえ》といった基地の名称の一部となったり、桑江区や上勢《かみせ》区のように、新たに人口が集積し市街地化した地区の名称として使われている。また、北谷町立北谷小学校の敷地は沖縄市域に立地しており、本来の領域を超えて、地名が冠される結果となった。また、第二次世界大戦前の集落は「旧字」と呼ばれ、そのほとんどが郷友会を組織している。旧字上勢頭郷友会や下勢頭郷友会など、地名は集団を指す呼称としても用いられている。

軍事基地としての接収により、集落域に大きな変動を受けたのは次の集落である。

うるま市の楚南・平敷屋、沖縄市の泡瀬・大工廻《だくざく》・宇久田《うくだ》・嘉良川《からがわ》・御殿敷《うどんしき》・白川《しらかー》・森根《もりね》・倉敷《くらしき》、北谷町の北谷・伊礼《いれい》・平安山《へんざん》・玉代勢《たまよせ》・浜川・桑江・上勢頭《かみせど》・下勢頭《しもせど》、嘉手納町の野国《のぐに》・野里《のさと》・国直《くになお》・久得《くどく》・東兼久《あがりがねく》、読谷村の楚辺《そべ》・渡具知《とぐち》・宇座《うざ》・牧原《まきばら》・長田《ながた》・親志《おやし》・比謝矼《ひじゃばし》、中城村の久場《くば》・南浜《みなみはま》、北中城村の瑞慶覧・比嘉《ひが》、宜野湾市の宜野湾・神山《かみやま》・新城《あらぐすく》・安仁屋《あだにや》・真志喜《ましき》・宇地泊《うちどまい》、浦添市の城間《ぐすくま》・仲西《なかにし》・小湾《こわん》、西原町の中伊保《なかいほ》・崎原《さきはら》・伊保《いほ》の浜《はま》、那覇市の垣花《かきのはな》・住吉《すみよし》・鏡水《かがみず》・当間《とうま》・宮城《みやぐすく》・天久《あめく》など。

（町田　宗博）

78　市町村合併にみる地名

沖縄県の行政区名称の変わりようを王府時代にさかのぼって概観すると、ほぼ17世紀に多数の間切《まぎり》が誕生している。その場合、新しい間切の名称は新間切の地域の主邑《しゅゆう》となるシマの地名を採用している。国頭間切から大宜味間切、金武・名護間切から久志間切、金武・

読谷山間切から恩納間切、浦添間切から宜野湾間切、豊見城間切から小禄間切などが新しく創設された。

　明治時代に変わると、間切から市町村へと行政区移行し、大正から昭和15年までの戦前後期にいくつかの村が町に昇格し、分離独立している。名護町、本部町の成立、久志村から東村、平良村から多良間村、伊平屋村から伊是名村の分離独立。また石垣・大浜・宮良・与那国の4間切が八重山村となり、大正時代に石垣村（町）、大浜村、竹富村、与那国村に移行した。

　第二次世界大戦後の行政区の変化は目まぐるしい。難民収容所で沖縄諮詢会が設置されるといきなり石川市が誕生する。1946年から1948年まで8市町村が分離独立、1950年代に至ると町村の市昇格合併の時代に移行する。みなと村を合併した那覇市は、首里市、小禄村、そして真和志市も合併して市域を拡大した。かつて兼城間切の漁村であった糸満町は、三和村、兼城村、高嶺村を合併して1961年に糸満市が誕生した。石垣市と大浜町が1964年に石垣市となり、1970年は5町村が合併し名護市となる。71年に上本部村が本部町におさまる。復帰後、カタカナ市名のコザ市と美里市が合併して誕生した沖縄市はその名称についてしばらく巷で話題となったことは記憶に新しい。

小泉政権下における平成の大改革の一環が広域市町村合併による地域・自治の強化である。個人で収集した新聞のスクラップに目を通していえることは、合併作業の始動は2003年から見える。それ以前に02年4月久米島町が誕生しているが、活発な協議会による審議は04年からみられる。対象となる市町村の組み合わせ、その離合集散はかまびすしく紆余曲折をたどっている。伊良部町においては首長のリコール問題にまでいきついた。

2005年から2006年現在まで新しく合併した4市町村が誕生している。年を追って列挙すれば05年4月、石川市・具志川市・勝連町・与那城村による「うるま市」、同年10月には平良市・城辺町・上野村・下地村・伊良部町の合併で「宮古島市」が誕生。06年1月には大里村・玉城村・知念村・佐敷町が合併して「南城市《なんじょう》」が誕生した。同年同月に東風平町と具志頭村の合併で「八重瀬町」が誕生。沖縄県の市町村数は2002年の53から現在の41となったが、そのうち1万人未満の行政区は18で大半の13が離島町村である。

「名は体をあらわす」という。私どもにとっての関心事は新地名に際しての地名採択のプロセスと決定である。新市町の名称について私どもの意見を反映させるべく努力すべきでなかったかという懸念も残る。将来の新地名について積極的な提言に参画すべきであると考える。

（島袋　伸三）

79　戦後の埋立地、新たな地名「～崎」

戦後、多くの地先公有水面や河川が埋め立てられ、新たな土地が造成された。その多くは、既存の字の延長線上として埋め立てられ、その区域の一部に編入された。しかし、諸般の事情により、既存の字とは別に新たな字または町の区域として画し、新たな名称が付されたところがある。筆者は、戦後の埋立地における新たな地名——特に「～崎」地名——について考えてみたい。

戦後どのような地名が埋立地に付けられたかを見る前に、市町村区域内の町または字の区域の区画・名称等が法的にどのように手続きが取られたか見てみると、沖縄が日本に復帰する前は、市町村自治法（１９５７年立法第1号）に「市町村の区域内の町若くは字の区域をあらたに区画し若くはこれを廃止し、または町若くは字の区域若くはその名称を変更しようとするときは、市町村長が当該市町村の議会の議決を経てこれを定め、行政主席に届け出なければならない」とあり、「届出を受理したときは、行政主席は直ちにこれを告示しなければならない」と規定された。

復帰後は地方自治法第260条により、同様に市町村長が当該市町村の議会の議決を経てこれを定め、都道府県知事に届け出、県知事においても同様にこれを受理したときは、直ちにこれを告示しなければならないということである。違うのは、この告示によりその効力が生ずることになったことである。

そこで、琉球政府の『公報』や『沖縄県公報』に掲載された「字（町）の区域の設定」を告示された年月日の順に見てみると、次のとおりである。①から⑦が復帰前に告示された地名で、⑧以降が復帰後のものである。（告示年月日順）

①那覇市　鏡原町《きょうはらちょう》（１９５９年４月21日）
②石垣市美崎町《みさきちょう》（１９６６年３月11日）
③石垣市新栄《しんえい》町（１９６９年９月９日）
④石川市赤崎《あかさき》（１９６９年10月28日）
⑤佐敷村〈現南城市〉字新開《しんかい》（１９７２年４月４日）
⑥那覇市　港町《みなとまち》（１９７２年４月15日）
⑦那覇市　曙《あけぼの》（１９７２年４月15日）
⑧名護市字名護小字昭和原《しょうわばる》（１９７５年１月29日）
⑨与那城村〈現うるま市〉字平宮《ひらみや》（１９７５年12月８日）
⑩糸満市西崎町《にしざきちょう》（１９７６年３月29日）
⑪北谷村字港《みなと》（１９７７年９月26日）
⑫石垣市浜崎町《はまさきちょう》（１９７８年４月27日）
⑬石川市〈現うるま市〉石崎《いしざき》（１９８４年２月16日）

⑭具志川市〈現うるま市〉州崎《すざき》（１９８６年10月17日）
⑮沖縄市海邦町《かいほうちょう》（１９８８年１月22日）　⑯北谷町鳴字美浜《みはま》（１９８８年８月16日）
⑰浦添市西洲《いりじま》（１９８９年１月10日）　⑱与那城村〈現うるま市〉字中央《ちゅうおう》（１９８９年１月10日）
⑲与那城村〈現うるま市〉字奥平《おくひら》（１９８９年７月28日）
⑳石垣市八島町《やしまちょう》（１９９０年３月９日）　㉑糸満市潮崎町《しおざきちょう》（１９９９年２月23日）
㉒西原町字東崎《あがりざき》（１９９９年10月15日）
㉓豊見城村〈現豊見城市〉字豊崎《とよさき》（２０００年８月４日）
㉔与那原町〈現うるま市〉東浜《あがりはま》（２０００年12月５日）　㉕浦添市伊奈武瀬《いなんせ》（２００１年11月26日）

23カ所のうち、９カ所が「崎」の付くところであり、最近は糸満市の潮崎町、西原町の字東崎、豊見城村の字豊崎と三連続となっている。戦後の「崎」地名の嚆矢は、１９６６年に町名が設定された石垣市の美崎町である。

美崎町は、60年４月22日から始まった石垣港港湾建設工事に伴う浚渫土砂の流用によって、字登野城、字大川と字石垣の地先公有水面が埋め立てられ、65年４月22日に竣工した。同年７月16日の告示第167号によって石垣市の区域に編入され、翌66年３月31日に告示第71

号で「市内の町の区域を新たに画し、町名を美崎町とする」とされた。地名は、古くから登野城の海岸を美崎浜（ミシャギパマ）と称したことによるもので、公募ではない。近くには美崎御嶽がある。石垣市のその後の埋立地の名称は、公募により新栄町、浜崎町、八島町と続く。

次に石川市に字赤崎というのが設定されるが、これは字石川の小字赤崎原から取ったものである。

「〜崎」地名の流れを作ったのは、糸満市の西崎町ではないかと考える。西崎町は、国の第5次漁港整備計画に基づき、漁港整備に不可欠な背後地の関連施設用地を造成するため、潮平地先公有水面に埋め立てられたものである。町名は、糸満市役所の職員から募ったものの中から行政区画整理委員会において、西崎町、潮《うしお》町、白銀《しろかね》町、潮先町、海幸町、南栄町の6点に絞られ、市長に答申された。76年3月15日の部長会において審議され、西崎町と決定された。この町名は、市長から提案されたもので、石垣市の美崎町のようなすてきな街にしたいとの願望を込めて命名されたもののようである。

（金城　善）

新書版あとがき

本書の初版は、『琉球新報』に１９９０年の1年間、南島地名研究センターの会員が中心となって、毎日曜日に連載された「地名を歩く」を基に、補筆・追加を行い、翌年の10月にボーダインクから発行されたものである。

その初版の連載が始まる前の１９８６年には、角川書店から『角川日本地名大辞典　47沖縄県』が刊行され、また初版刊行後の２００２年には平凡社から『日本歴史地名大系第48巻　沖縄県の地名』が刊行され、沖縄県民をはじめ、多くの方々に琉球・沖縄の地名を考えることが身近なものとなった。

当センターの会員は、これらの大型の地名辞典とは趣を異にし、独自の目線で奄美から先島までの琉球弧の地名を明らかにしてきた。

初版の完売により、新たに増補改訂版が２００６年10月に発行された。これもすでに完売とのことである。地名を研究する者にとって、多くの方々がこれらの「地名を歩く」を手に、地名を歩いていることを想うとたいへんうれしくなる。

今回は、新書版として提供するため、紙面が限られていることから、これまでの図表を割愛するなど内容を再編するとともに、前回の増補改訂版で指摘のあった「埋立地の地名」を加えた。

増補改訂版の発行から17年が経過し、執筆者の多くが鬼籍に入られている。本書を読んでいると、その諸先輩方の地名に対する思いが強く感じられ、願いが叶うのであれば、もう1度お目にかかって、さらなるその思いをご教示いただきたいものである。

南島地名研究センターが1982年に発会してから、40年余が経過した。近年は新型コロナウイルスの蔓延により、研究会はおろか巡検も開催することができない日々が続いた。そのコロナもやっと落ち着きが見え、人々に日常が戻りつつある。

本書を手に、新たな「地名を歩く」をはじめなければならない思いでいっぱいである。

結びに、初版・増補改訂版に続き、装いも新たに新書版として、よみがえる『地名を歩く』は、ボーダーインクの池宮紀子社長の並々ならぬ思いの結実である。また、会員の渡久地健氏には、増補改訂版を新書版にするにあたって、編集の労をとっていただいた。記して感謝申し上げる次第である。

南島地名研究センター代表　金城　善

〈執筆者一覧〉　50 音順、数字は執筆原稿番号

新垣　源勇　23,35,59
安渓　遊地　14
石垣　繁　52
糸洌　長章　72
上原　冨二男　53
奥田良　寛春　22
我那覇　念　75
金城　善　79
久高　将清　50
久手堅　憲夫　4，8,18,20,24,29,31,34,37,38,44,45,47,48,
54, 67,74
崎山　直　43
島袋　伸三　1,25,36,73,76,78
知名　定順　42
津波　高志　10
堂前　亮平　32
渡久地　健　58,62,65
渡久山　章　15
名嘉　順一　5
仲宗根　將二　26,39,41,64
仲田　邦彦　33
仲原　弘哲　9,60,70,71
仲松　源光　21
仲松　弥秀　2，3,11,12,16,17,28,40,49,63,66,69
中村　誠司　27
牧野　哲郎　56
町田　宗博　77
松村　順一　46
宮内　久光　13
宮城　幸吉　6，7,19,30,51,55,57,61,68

南島地名研究センター（なんとうちめいけんきゅうセンター）
1982 年、地名は祖先の残した大切な文化遺産である、との認識のもと研究者や地名を愛する人々らによって仲松弥秀を初代代表として設立。機関誌『南島の地名』は第 6 集(2005、ボーダーインク)、会報「珊瑚の島だより」は 62 号を数える。1991 年『地名を歩く』、2006 年『地名を歩く　増補改訂』を発刊（ともに絶版）。1993 年、日本地名研究所より活動奨励賞を受賞。南島（琉球弧）の地名をテーマに、研究発表会（大会）、例会、巡検などの活動を行っている。
〒 903-0129
沖縄県西原町字千原 1 番地
琉球大学文学部地理学教室内

ボーダー新書 022
南島の地名を歩く

2023 年 10 月 31 日　初版第 1 刷発行

編著者　南島地名研究センター（代表　金城善）
発行者　池宮　紀子
発行所　（有）ボーダーインク
〒 902-0076 沖縄県那覇市与儀 226-3
tel098-835-2777　fax098-835-2840
印　刷　株式会社　近代美術

ISBN978-4-89982-454-1

Exploring the Place Names in the Ryukyu Arc
Publisher: Border Ink